U0111665

武術 技術 ⑫
武道

李小龍
原本截拳道

徐 超 編著

大展出版社有限公司

向湯米‧克魯瑟斯師傅求教

向聯盟總教練求證原本截拳道

刻苦練功之凌空一腳

向偶像致敬

與李小龍的姐姐、截拳道眾名家歡聚一堂

曾代過的警察班

前 言

　　眾所周知，李小龍截拳道分為概念與原本兩派。概念派以洛杉磯時期依魯山度為代表，他主張不以教授招式為主，而是透過不同體系所使用的技術來啟發練習者完善自我，吸收對自己有用的，去掉對自己沒有用的部分，逐漸形成因人而異的個性截拳道。

　　原本派是以黃錦銘為代表。黃錦銘是李小龍的後院訓練夥伴之一，在李小龍去世前的 7 年中，他曾系統地跟隨李小龍學習了最終創立出來的截拳道。他主張截拳道可以標準化，並試圖將李小龍當年訓練截拳道的過程原原本本地傳授給感興趣的從學者。

　　李小龍的武術造詣極深，他的一生是不斷攀越武術高峰的一生。李小龍從 13 歲拜師葉問學習詠春拳後，到大洋彼岸遇到牛高馬大的美國人，一心想透過「三招二式」將對手打倒，結果卻事與願違。不服輸的性格和良好的武術稟賦造就了日後的李小龍。

　　他勤修苦練，四處惡補，追求武藝，汲取精華。「美國跆拳道之父」李峻九曾說：「他可以把天空踢

個窟窿！」在他傳授給李小龍踢木板的絕技一週後，發現李小龍踢得比自己還多，無奈的他說：「李小龍非常努力，他肯去拼命，這是他成名的原因。我相信他的本領一半是天賜的，再加上他的努力，便成了一個成功的大人物。他發拳快、準、有勁，足以令他雄視武壇。」

七屆世界空手道冠軍查克‧羅禮士在接受《功夫之王》雜誌訪談時說：「我從李小龍那裏學到了很多東西。他是個知識淵博的人，也是世界上武功最好的人！這就是我個人的看法。他的全部生命就是武術，再也找不到像他這麼棒的人了。」

透過向畫時代的「拳壇大佬」們閉門討教，走訪調研洛杉磯所有武館，搜集可以獲得的有用書籍，伴隨著沉思後實戰歷練的增多，李小龍的武技也日趨成熟。確切地說，李小龍1967年以前的技法是堆砌、篩選的過程，而後期是精減再提煉的結晶。套用美國媒體的評論說：「這一時期的武功不再是有模有樣的拳擊，更像是在跳致命的芭蕾！」——這當然是功夫哲學史的演進，不是常人所能企及的。

李小龍當年雄心勃勃地返回香港要拍電影弘揚武術，他擔心自己開設的武館教授的武藝不是按照他的教導去教的，所以他關閉了美國所有的武館。所幸的是李小龍的入室弟子黃錦銘師傅盡得真傳，使這一秘

技並沒有失傳於天下，不失「龍迷」們所望！

而時下爆紅網絡的「最牛截拳道——白李小龍」湯米‧克魯瑟斯師傅就是出自黃錦銘門下。湯米‧克魯瑟斯那快捷、夠勁、瀟灑的身手，一經展示，立即引起了國內廣大「龍迷」們的熱力追捧，紛紛希望拜其門下，瞭解國外流傳的原本截拳道的秘密。

其實，湯米在國內成名絕非偶然，早在多年以前，李小龍的第一位學生傑西‧格洛弗就對湯米下過如此評語——「當我見到湯米的時候讓我想起了李小龍。第一次見面，我告訴他，他的重拳很像李小龍。湯米的踢法也非常有力。他的速度和力量像李小龍一樣，甚至比李小龍還要靈活。如果被打中，湯米的力量足以使心臟停止跳動。他重拳的力量是那樣令人震驚。他已經繼承了李小龍的衣鉢，而且把它們變成了實用的技術。」

縱觀湯米的習武歷程，我們清楚地得知：他師承過李小龍各個時期的主要弟子，包括傑西‧格洛弗、奧克蘭時期的霍華德‧威廉士，以及李小龍入室弟子黃錦銘（事實上，李小龍基金會所謂的「振藩截拳道」，就是指黃錦銘傳授的截拳道）。且湯米的教學旗幟也很鮮明——始終是「盡最大的努力以李小龍所期望的方式教授截拳道」「只有在確信所教授的技術可在現實生活的自衛活動中得到有效應用的情況下，

才會把這些技術教給學生」。也正因為如此，他的訓練與教學取得了很好的效果，並得到了李小龍家族以及李小龍親傳弟子們的認可。

應國內截拳道傳播的熱點，筆者曾多次遠赴湯米的國內講習所，帶著國內「龍迷」們無暇四處追隨的遺憾，向原本截拳道的前輩們學習，系統整理，編撰成冊，呈現給國內「龍迷」們原本截拳道的教材，還原一個真實、栩栩如生的後院「李小龍陪練」範本，讓您足不出戶依然能享有「入室弟子」一樣的繼承權！

以本書為師，將使您的截拳道技藝出類拔萃，功夫哲學給您奠定的積極思維從此讓您邁向勇敢、自信之路！

目 錄

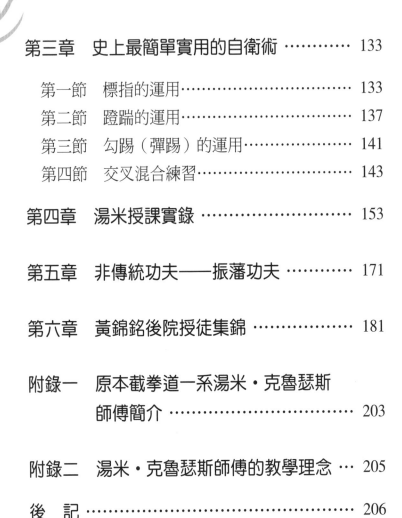

開篇引言
——原本截拳道的技術特點

原本截拳道是李小龍生命後期不斷進取、不斷研究、不斷超越的技擊術。李小龍是這樣定位自己的——「我首先是個武術家，其次才是演員！」誠然，武術是李小龍的生命，即使是在拍電影的間隙，他也是生龍活虎、勤練不輟。

他的最後一位入室弟子黃錦銘，在20世紀90年代撰文寫道：「師傅後來打電話說，黏手不要了，他只保留了簡單的封手和一些設陷的打法……」他敏銳地感覺到師傅內心正經歷了一場怎樣的風雪革命與思潮翻滾。

一、更加精減、刪繁就簡

經由不斷的提煉與驗證，李小龍發現所有的技戰術始終圍繞本能反應與自由發揮，只有精減技術才能輕裝上陣、機動靈活地應對實戰，於瞬間自由地將技術銜接組合，才不會被招勢所累！

截拳道建立了一種有如回聲般的反應機制——我的技術就是你的技術，對方的技戰術決定我的技戰術。因此，截拳道包含踢、打、摔、拿等整體格鬥技藝，能夠在遠、中、近距隨機應變，融會貫通，在「無思無想無我」的涅槃之間，將如水般流動的格鬥技術揮灑自如。

二、變換角度攻擊，提升格鬥效率

截拳道是商業社會催生的時代產物，講究智取和安全第一，強調格鬥效率，「以最小的消耗取得最大的效果」是截拳道衡量其技戰術實用性的唯一標準。傳統的武學思想在這裏有所貫穿，「不招不架，就是一下」，隨意地晃動，變換角度地移形換位，旁敲側擊，舉手投足之間，將對手擊敗！

截拳道具有極強的攻擊特性，這與其「速戰速決」的格鬥戰略是高度一致的。最好的防守就是進攻。截拳道講究積極的防禦，連消帶打，以攻為守，攻守同時。

截拳道名稱中的「截」字，可謂李小龍刻意突出的截拳道格鬥理念精髓，即特別講究本能的截擊——除了包含人們通常所說的半路攔截對手攻勢、後發先制的理念，其最高追求更是要求做到超前洞察，把握制敵先機，不光要截擊對方的動作，還要截擊對方進

攻的意念行為。

所以，當年各派搏擊高手與李小龍切磋，總是驚訝於李小龍似乎有「第六感覺」，搶在他們攻擊之前能發動迅猛攻勢。

三、充滿創意的模擬靶位訓練，最大程度上直接過渡到實戰

「迷時師度，悟時自度。」李小龍後期基本上摒棄了詠春的黏手和木人樁練習，他深刻地領悟了徒手套招與實戰的鴻溝。

如何連接鴻溝的兩端，使天塹變通途？——這是他首要攻克的技術難題。

他充分利用拳擊靶的交叉模擬訓練，在運動活靶中駕馭實戰，固化了肌肉的記憶，使實用武技成為「貼身技」，直指武術的核心功用。這是無規則武技從來沒有意識到的——執著於單人的「捕風捉影」式練習，怎麼能不與實戰漸行漸遠？

四、跳出武術派別的怪圈，回歸人的武術

功夫哲學有云：枝葉的爭論，要回歸到根結處。李小龍強側置前如探囊取物，永遠快人一步！於最短的距離，發動最直接、迅猛的「閃電戰」——彙集了人類格鬥所能羅列的多種戰術方式，適用於人類武術

體系和任何格鬥環境。

在原本截拳道的理論中，觀察街頭巷尾的打架規律，就是普遍的真理。由此推演開來——任何格鬥，不是某門和某派之間的風格比試，而是人與人之間的格鬥，而只要是人就只有兩隻手和兩條腿，萬法歸一，回歸本質，重新由人類肢體運動規律出發，表達出截拳道（格鬥）主人的理念。

因此，截拳道始終是人的運動，必須符合人體運動規律才能最終打敗對手！

第一章
原本截拳道的基本武器

「振藩禮」是當年師祖李振藩從美國「振藩武館」流傳下來的，和其他武術派別的禮節不同，頗有些中華正統的味道，這也是散落在世界各地李小龍組織的文化符號與尊師重教的操守。

第一節　振藩禮

1.動作要領：從身體立正開始，雙手在胸前交叉形成「十字手」，左手在外，右手在內，五指併攏，手腕平直，指尖不超過眉毛；稍停，雙手變拳抱於腰側。（圖1、圖2）

圖1

圖2

圖3　　　　　圖4　　　　　圖5

2. 雙腳從立正姿勢開始，右腳向前邁一小步，腳尖稍外撇，同時左手移向右拳，左掌附於右拳小指一側。（圖3）

3. 接上動不停，左腳前伸（腳跟抬起），腳尖點地，右腿略蹲成左高虛步，同時雙手前伸（略彎）呈抱拳禮狀，右拳旋轉，拳心稍向下；稍停，雙手同時均內旋成掌，中指尖微觸，雙小臂內旋向外。（圖4、圖5）

【注意】

抱拳禮抬臂與肩同高，倘若高於肩，同時低頭更能體現出行禮者真誠的敬意。

圖6 圖7 圖8

4. 接上動不停，雙小臂以肘為軸心，向下、經體前、向上，呈順時針沿體前人體中線旋轉一周，同時左腳後退一步；雙手掌心向上變拳收於雙肋側，同時右腳退與左腳平齊，最後恢復立正姿勢。（圖6～圖8）

【注意】

（1）「振藩禮」抱拳亮相時稍作停頓，突出重點。

（2）熟練後行「振藩禮」動作要流暢，一氣呵成，精神飽滿，目光平視。

第二節　警戒式

一、振藩功夫的「擺樁」

雙腳前後分開與肩同寬，右側強側置前，身體重心在兩腿之間。右腳腳尖與左腳腳跟連線在一條直線上，右腳腳尖與連線呈30度角，左腳跟（抬起）與連線角度小於90度；右膝自然內扣，保護好襠部，左膝稍內扣，腰胯、左肩均要放鬆下沉，與地面平行，保持整個身體正直，雙肘放鬆，自然下垂，大小臂夾角略小於90度，前手握拳與鼻同高，守中用中，後手半握拳置於左臉頰一側，也是用於嚴守中線，下頜微收，目視前方。（圖9）

二、截拳道警戒式

與振藩功夫的擺樁相比略有變化，右腳腳尖與左腳內側（腳心）在一條直線上，前後腳距離與肩同寬（圖10）；左腳跟依然提起，但角度沒有要求，自然擺放，便於下一個動作出擊就好；後手半握拳依然置於左

圖9

圖10　雙腳擺位特寫　　　　圖11　　　　　　　　圖12

臉頰一側，前手與肩同高，其他部位與振藩功夫相同。（圖11）

【注意】

（1）先介紹「振藩功夫的擺樁」是讓練習者對截拳道有一個系統的認識，展現了截拳道動態的演進過程，這也是李小龍對科學搏擊術的再次提升。圖12是詠春的擺樁，它是截拳道的源頭與雛形。

（2）對比之下，後期的警戒式受到擊劍快步的影響較大，全身側身對敵，減小要害暴露的面積，更易於側身突擊。

（3）身體重心始終在兩腿之間，前腳腳尖與後腳腳尖、腳跟呈等腰三角形，以保持身形穩固。

第三節　步　法

　　步法是截拳道的基石，黃錦銘導師傳授步法時反覆強調它的重要性。因為步法的好壞，對於搏擊者的技巧優劣影響較大。截拳道特別強調注意移位的輕盈靈巧。所謂的搏擊不外乎是尋找攻擊目標或閃避受敵攻擊的一連串動作，就本質而言，搏擊是流動的。

　　截拳道的步法主要借鑒於拳擊。

一、前推步（前滑步）

　　從警戒式開始，身體重心移到後腳，後腳腳掌推動，前腳貼地前滑一小步（約8公分），隨即後腳向前跟進（約8公分），恢復警戒狀態。（圖13～圖15）

【注意】

　　滑步時身體其他部位保持自然，身體重心平穩，重心的移動只是伴隨滑動腳部瞬間微調，後腳到位時，身體重心迅速恢復到兩腿之間，整個動作優雅悅目。前進時兩腳不離地，步伐短小，貼地前滑。

二、後推步（後滑步）

　　從警戒式開始，身體重心略移前腳，前腳推動後腳，向後貼地滑動一小步（約8公分），隨即前腳向

圖13　　　　　　　圖14　　　　　　　圖15

圖16　　　　　　　圖17　　　　　　　圖18

後跟退（約8公分），恢復警戒式。（圖16～圖18）

【注意】

（1）採用此步法，突遭攻擊時，仍可以隨時採取防衛動作，同時還能夠確保基本姿勢正確。

（2）後滑時身體其他部位保持自然，身體重心平穩，重心的移動只是伴隨滑動腳部瞬間微調，前腳跟退時，身體重心迅速恢復到兩腿之間，整個動作優雅悅目。後滑時兩腳不離地，步伐短小，貼地後滑。

（3）前滑步與後滑步熟練後，動作要保持靈活機動，雙腳幾乎同時貼地前滑（後滑），並不能看出先動哪隻腳。

三、左側移步

側移步的目的在於移位到易於攻擊的有利位置，移位時身體平衡深受影響。運用側移步可以避開直接突襲而來的武器，並迅速騰閃到對方的有效攻擊距離之外。在對方準備攻擊之際，亦可以運用側移步來擾亂對方的心情，誘使對方動作露出破綻，以利於還擊。

從警戒式開始，身體重心移到右腳，右腳推動左腳向左側貼地移動一小步，隨即右腳向左跟進，恢復警戒式。（圖19～圖21）

【注意】

此動作可以有效地避開對方的右直拳。

四、右側移步

從警戒式開始，身體重心移到左腳，左腳推動右

圖 19

圖 20

圖 21

圖 22

圖 23

腳向右貼地移動一小步，隨即左腳向右跟進相同的距
離，恢復警戒式。（圖 22、圖 23）

李小龍原本截拳道

【注意】

運用左右移步時，對方發招攻擊，我方從容不迫，在對方攻擊襲來的瞬間，我方迅速往右或左移一步。側移時須觀察對方的攻擊動作徵兆，否則會受到對方的勾拳或擺拳襲擊。

五、快速前滑步（快墊步）

從警戒式開始，身體重心移向前腳，後腳貼靠前腳，並推動前腳前滑一步，恢復警戒式。（圖24～圖26）

【注意】

快墊步是迅速而突然的前進動作，移動時務必保持身體平衡，全身好像貼地而行，並沒有騰空跳躍的動作。

圖24

圖25

圖26

圖27　　　　　　圖28　　　　　　圖29

六、快速後滑步（快速後退步）

從警戒式開始，身體重心移向後腳，前腳向後貼靠後腳內側，並推動後腳迅速貼地後滑一步，前後腳迅速恢復警戒式。（圖27～圖29）

【注意】

此步法迅速而順暢，是強而有力的後退動作，視實戰的情形而定，可以持續後退，也可以在攻擊機會出現時踏前。

七、墊步提膝

從警戒式開始，重心稍前移，後足貼地前滑向前腳跟位置，同時右膝提起；稍停，前足前落恢復警戒式，預備下動。（圖30～圖33）

圖30　　　　　　　圖31　　　　　　　圖32

【注意】

（1）此步法常練有助於提高前腿起動速度，提膝後視情形而定可以連接各種腿法，進行攻擊。

（2）此步法亦可以作為佯攻近身手段，來達到隱蔽安全地與敵搭橋手（提膝動作本身就攻守兼具），以掩護後續的戰術攻擊。在詠春拳裏就常以此動作作為掩護近身，施展近身格鬥。

圖33　正面示範

八、鐘擺步

鐘擺步其實是快墊步和快速後退步的提速版，

動作要領與前兩種步法一致，唯腳部移動更為急切，另一腳被動慣性離地擺動，上身也因為慣性而要迅速調整好平衡（如圖34～圖36是前擺步，圖37～圖39是後擺步）。

圖34

圖35

圖36

圖37

圖38

圖39

【注意】

（1）前擺步有利於抓住機會上前一步進行腿擊對手或配合前腳出拳。

（2）後擺步常用於對付攻擊速度快，或者施展縱深性凶猛踢擊的對手。也可配合前腳踢擊後恢復警戒式。

（3）此步法應為輕巧的滑擺動作，經常練習可以獲得良好的速度、平衡和節奏感。

九、前刺步

從警戒式開始，重心前移，後腳推動，前腳自然抬起2公分向前迅猛跨出一大步；後腳立即跟進，恢復警戒式。（圖40～圖42）

圖40　　　　　　圖41　　　　　　圖42

【注意】

（1）此步法主要用於中距離直接出拳突擊或追擊對方時運用。

（2）此步法與前滑步動作相似，唯跨出步距不同，前刺步更快，步距更大，依照個人身高步幅和實戰間距而定。

（3）後腳推動前腳，整個動作平穩而又迅捷。

十、右側回旋步（右環繞步）

從警戒式開始，前腳側滑半步，以右腳腳掌為軸，全身向右側旋轉到適合的位置，左腳弧線向側後方移步，恢復警戒式。（圖43～圖45）

| 圖43 | 圖44 | 圖45 |

【注意】

（1）回旋時，切記不能雙腳交叉，動作力求精減。

（2）此步法既可以環繞對手調整位置，尋找戰機，亦可用於閃避對方攻擊的同時，迅速繞至對方側面攻擊其死角，進行反擊。

十一、左側回旋步（左環繞步）

從警戒式開始，右腳向左側滑一小步，身體重心偏向右腳，左腳弧線向左上步，帶動身體向右旋轉，恢復警戒式。（圖46～圖48）

【注意】

左側回旋動作必須姿勢正確，它的步幅遠比右側回旋小。左側回旋比右側回旋難做，可是較具安全

圖46

圖47

圖48

性，所以廣受多數人喜愛使用。

十二、踏進、踏出步

從警戒式開始，身體重心移向左腳，右腳向前上一小步，腳掌觸地，藉助地面的反作用力，收回於原點，恢復警戒式。（圖49、圖50）

也可閃避對手攻擊，直接回防於左腳內側。（圖51）

【注意】

此步法可以作為開始攻擊前的虛招試探性動作，踏進為直接逼近對方，兩手高舉佯做出拳攻擊狀，或對手出腿踢擊（對方在做慣性反應時），立即後退（踏出）。

圖49　　　　　　圖50　　　　　　圖51

十三、交叉上步

從警戒式開始，左腳向左前方上步，帶動身體向右旋轉，右腳腳跟順時針旋轉，兩腳與肩同寬，形成左手在前的警戒式，如圖52～圖54。左右可依次練習。

【注意】

（1）此動作熟練後，兩腳擦地，身體重心放低，上步（以腰胯）帶動身體旋轉，整個動作務必連貫、機動、輕靈。

（2）此動作是在實戰情形之下隨機應變，調整身形，或攻擊或防禦的步伐。

圖52　　　　　　　圖53　　　　　　　圖54

圖55　　　　　　　圖56　　　　　　　圖57

十四、交叉退步

從警戒式開始，右腳後退一步，同時以腰胯帶動
身體向後順時針旋轉，此時左腳在前形成左警戒式。
（圖55～圖57）

【注意】

（1）後退腳掌要富於彈性，以胯帶身，有「閃展騰挪」的感覺。

（2）此動作是在來不及撤步時，躲避迅猛攻擊的有效手段。

十五、步法小結

腳部的移位有前滑、後滑、左移、右移等四種，此四種基本步法還衍生了幾種變形步法。

李振藩宗師在他留下的武學筆記裏寫道：移位的步法要訣是，身體重量平均落在左右腳上，重心移動時仍然保持平衡。腳跟離地，腳底決不能全貼於地面，利用腳趾根部支撐身體重量，因應狀況，迅速採取攻防動作。移位是截拳道的生命，速度、機動性是截拳道的本質，請君勤練移位步法！

練習時，體驗下述步法的作用與感覺。對方突然衝來時，能夠閃避的步法；對方持刀器攻擊時，避開接觸的步法。

訓練時，必須有意識地使雙腳「輕如羽毛」，感覺地板如跳板般，步伐輕鬆、優雅、富有節奏感。匯總到一個簡單的原則是，先移動離自己所欲移方向最近的那一隻腳，且向要達到的那個特定方向邁出，後腳隨後快速而自然地跟進。

第四節 踢 法

一、側 踢

側踢是李小龍截拳道的「王牌腿法」，它的直線突襲，可以重創任何企圖靠近的對手，深得「龍迷」們的喜愛。在原本截拳道中，李小龍並不提倡使用高踢，但如果你練得好，還是可以趁機施展的。

1. 從警戒式開始，身體重心移到右腳，左腳向前墊步，靠於右腳內側；右膝沿身體中線直線提起，身體其他部位保持自然，目視前方。（圖58、圖59）

2. 上動不停，身體重心向左傾斜（與抬腿保持平

圖58

圖59

圖60　　　　　　　　　圖61

衡），同時胯部內翻，大小腿自
然疊起，右腳底對準攻擊目標，
右臂收於腰側；腰胯發力，展
胯，大腿推動小腿，沿直線踢
出，左腳同時稍外展，目視攻擊
目標。（圖60～圖62）

圖62

【注意】

所謂直線即眼睛、臀部、腳
後跟三點一線，側踢時整個動作
放鬆而富有彈性。平時多練垂直
蛙跳（如圖63～圖65），有助於養成「直打直收」
的好習慣，且爆發力（即速度乘以力量）也會與日俱
增。

3. 上動不停，力盡後，大腿帶動小腿迅速收回

圖63　　　　圖64　　　　圖65

圖66　　　　　　圖67

（直打直收），並恢復警戒式。（圖66、圖67）

【注意】

（1）動作熟練後，整個側踢快打快收，一氣呵成，自然連貫，值得一提的是，原本截拳道傳承下來的側踢收腿速度（大腿帶動後拉）更快，略顯誇張。

圖68　　　　　　圖69　　　　　　圖70

（2）以上示範是中位側踢，低位側踢只是提膝略低，動作與中位側踢相仿。（圖68～圖70）

二、前勾踢

1. 從警戒式開始，左腳墊步，右膝沿身體中線提起（略高於攻擊目標），腰胯向上發力，大腿帶動小腿，向上彈踢，力達腳尖（腳背），力盡後小腿快速收回，自然下垂；目視前方。（圖71～圖74）

【注意】

（1）前踢時藉助左腳快速墊步的慣性，與腰胯力量匯合，快打快收。

（2）踢擊時，仔細體會：小腿一定要放鬆，力從腰胯而來，不是小腿緊張的彈力。

圖71

圖72

圖73

圖74

（3）前踢以快、準以及「小爆發力」為要點，主攻對方的下襠和小腹，也可踢其脛骨。本式具有試探、佯攻、殺傷性等快踢作用，以及易發易收、隱蔽的動作特徵。

三、橫勾踢

勾踢是原本截拳道中和側踢一樣最占優勢的腿法，但勾踢主要作為踢擊快招使用，運用得當，其攻擊力仍然可以一舉令對方喪失戰鬥力，在直接攻擊、佯攻、引腿、反擊等各種情形之下，均可靈活運用。

1. 從警戒式開始，左腳前墊，幾乎同時，右膝沿人體中線提起；胯部向左內翻的同時，支撐腳配合外展，大小腿自然收攏，右膝對著攻擊目標，腰身隨動作自然傾斜；目視前方。（圖75、圖76）

【注意】

胯部內翻時，稍挺胯，為腰胯發力蓄勢。

2. 上動不停，腰胯發力，大腿帶動小腿向左側彈踢，力達腳背，力盡後小腿自然彈回、下落，迅速恢

圖75 　　　　　　　　圖76

圖77　　　　　　　　圖78　　　　　　　　圖79

復警戒式。（圖77～圖79）

【注意】

（1）彈踢時大小腿要充分放鬆，使腰胯力量順達傳遞到腳背，快打快收，乾淨俐索。

（2）自我深刻感受一下：踢腿時該用哪部分肌肉，以及如何使該部分的肌肉柔軟協調。

四、逆勾踢

此腿法來自跆拳道，亦是截拳道橫勾踢的逆向踢法，踢腿軌跡常常會繞開對手視野，向對手右側迂迴攻擊，因而會令對手猝不及防、防不勝防。

從警戒式開始，左腳前墊一步，以腰胯順時針發力，大腿帶動小腿，呈扇形弧線，向左前方、前方、右前方擺踢，力盡後，自然下落。（圖80～圖83）

圖80

圖81

圖82

圖83

【注意】

　　如圖84、圖85那般多練甩腿後踢有助於逆勾踢的要領掌握，它與逆勾踢的出腿軌跡略同，唯逆勾踢是橫向出腿而已，兩者展胯的感覺一致的。

圖84

圖85

五、後足軋踢

1. 從警戒式開始，身體重心移到右腳，稍屈膝支撐，提後腳經前腳內側繼續向前，足尖外撇呈45度斜向左上方，目視前方。（圖86、圖87）

圖86

圖87

2. 腰胯發力，大腿帶動小腿向斜下方踢出，力達腳掌，不超過膝部，雙手保持防護，目視前方，力盡後，恢復警戒式。（圖88）

圖88

【注意】

軋踢是截拳道後腳直接出腿的踢法，在李小龍電影中可以看到，但並不常用。主要攻擊對方的膝關節和整個脛骨，適合隱蔽突襲，可主動攻擊，亦可試探引腿。

六、後腳內擺踢

從警戒式開始，身體重心移至右腳，以腰胯為發力源，大腿帶動小腿，向左前方、前方、右前方弧形擺動，力達左腳內側，高與頭平，目視前方。（圖89～圖92）

【注意】

（1）小腿放鬆，不凝力，力是從腰胯發出、經大腿傳遞到小腿的結果。因此，小腿運行至正前方是力量和速度的最大值。

（2）此技可重擊對方的頭部右側要害，彌補對敵右側攻擊的不足，能與各種手法和踢法配合使用。

圖89

圖90

圖91

圖92

七、「如水滲隙」般的踢腿角度訓練

在湯米講習所的課堂上，他那碧藍的眸子裏總是藏著神秘，讓人捉摸不透，在我們投身於熱火朝天的訓練時，他又在構思新的課題。他在「小黑板」上魔

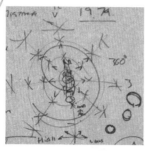

隨時向各個角度攻擊圖

湯米畫的拳腳發力圖

鬼般的繪畫能力，常常令我們折服、嘆為觀止，不得不由衷地感嘆「他真的很有才！」

　　從他娓娓道來的敘述中，我們得知，這一次他畫的是「前腳踢擊時的可能角度」。他試圖從一個連貫、動態的系統中，說明原本截拳道的練習者要善於全方位追擊運動的目標，充分靈活運用應變能力和身體的感知力，從一種腿法瞬間變換、延伸到另一種腿法——以強調「如水般滲透」與「全方位」打擊力。

　　在圖93中，練習者出前勾踢，怎奈對方擅於化解或變換身形躲避，於是練習者可以將前踢的胯部向左橫轉扣胯為橫勾踢，踢向其左側空檔（圖94、圖95）。若對方精於防守，落空

圖93

圖94　　　　　　　　　　圖95

圖96　　　　　　　　　　圖97

圖98　　　　　　　　　　圖99

之腿不落地依然能迅速回擊，以逆勾踢踢擊其右側空檔（圖96、圖97）。假若對方還是逃遁，練習者還可換個角度，回馬一槍（圖98、圖99）……以此為例，

可見各種腿法的關聯性與統一性。

此練習除了體現出其不意的攻擊效果，還能讓練習者在動態中瞭解各種腿法的攻擊路線與打擊角度。

當然，這只是腿法專項練習，在實戰中，還應穿插配合適合的拳法攻擊，以令對手無懈可擊。

第五節　拳　法

前手直拳是截拳道中的根本，兼具攻防之長，可以及時制止對方複雜多變的攻擊。

前手直拳是任何拳法中最迅速的拳法。

——李小龍

一、前手直拳

1. 從警戒式開始，後腳腳掌蹬地，身體重心隨之移至前腳；右臀向左水平旋轉，力量從腰胯傳遞到右肩，肩部前送，大臂推動小臂，沿身體中線直線打出，力達拳鋒；左拳護在左側下頜旁，目視前方。（圖100～圖103）

【注意】

（1）全身動作放鬆，體會蹬地、轉胯動作的協調與連貫，以及力量節節貫穿的感覺。

（2）對於借後腳蹬地以增強攻擊力的技巧，應

圖100

圖101

圖102

圖103　側面示範

圖104

勤加練習。

　　2. 上動不停，直拳力盡後，身體重心復歸兩腿之間，大小臂沿攻擊路線收回（直打直收），迅速恢復警戒式。（圖104）

【注意】

（1）在原本截拳道中，直拳之所以沿用詠春立拳，是因為它可以很好地發揮「肘底力」的作用，攻防兼備，便於近搏時搶占中線與鑽空突破擊打。

（2）將前手直拳熟練後，亦可將直拳連接訓練前手刺拳，所謂刺拳，無非是動作更加放鬆，專注於大小臂的彈性，忽略蹬地、扭胯的動作，唯求更快。值得一提的是，收拳時，腕部絕對不是拉回，而是在勁軟之際，自然收回；如此這般才能頗具「鞭擊」效果，其運用要領是「用蒼蠅拍擊打蒼蠅」（拳王阿里）。

（3）前手刺拳是對對手「投石問路」的快速攻擊法，其攻擊力雖不算強猛，如果擊中心窩，仍然可以收到攻擊效果，使對手負傷而感到痛苦。

二、後手直衝捶（直拳）

後手拳勁較重，但相應暴露的空檔也較大，通常在前手的掩護之下使用。如同前手刺拳一般，為了防備對方反擊，攻擊時應先行出拳打擊，後再挪移身體。

1.從警戒式開始，左腳掌蹬地，身體重心移到右腳，左腰胯向右水平旋轉，協調送肩，大臂推動小臂，拳頭沿人體中線水平打出，左拳心向下，右手護

圖105　　　　　圖106　　　　　圖107

於右臉頰，目視前方。（圖105～圖107）

【注意】

（1）力從地起，蹬地、扭腰、送肩，環環相扣、節節相推，力量最後彙聚於拳鋒，整個動作放鬆，富有彈性。

（2）重要的一點是，在扭身一擊時，後腳跟與左肩旋轉要協調一致，都是順時針。整個動作是以右側身體為軸，前腳支撐，身體左側自由無礙地旋轉（如圖108側面示範），如同猛然關門的原理一樣！

圖108
左肩與左腳跟旋轉一致

2.力盡後，身體重心移回兩腿之間，手臂沿直線自然收回（下垂），恢復警戒式。（圖109）

【注意】

就任何拳法而言，時間與速度的控制非常重要。就後手直拳而言，發拳還擊的時機是，在閃過對方前手刺拳後，當即出拳攻擊對方的身體。

圖109

三、前手平勾拳

對付機警靈敏的敵人，不能使用慣常的拳法，而須使用前手勾拳。前手勾拳也是貼身近戰的利器，因為攻擊角度是從側面而來，對方難以預防，而且可以避開對方的防守線。

從警戒式開始，前（右）腳跟抬起，腳掌蹬地，身體重心移到後（左）腳並踏實；同時右腰胯向左水平旋轉，帶動右肩向左轉動，大小臂自然呈90度角向左水平擊至對方人體中線位置，力達拳鋒，拳心向內稍向下，稍高於肩，力盡後恢復警戒式。（圖110～圖112）

【注意】

（1）蹬地、轉胯、順肩、勾打發力節節相推，勁貫拳面。

圖110　　　　　圖111　　　　　圖112

（2）發拳時最重要的是，前腳跟和前肩必須配合出拳動作自由扭轉。

四、前手螺旋勾拳

只要採用螺旋勾拳，對方就無法輕易發出後手拳法。

螺旋勾拳要領與前手平勾拳相同，唯一不同的是到達目標時瞬間的手腕猛轉。

發拳時無任何準備動作，手臂順著力道自然抬起旋轉，拳心向下斜向外，力達拳鋒。（圖113～圖115）

圖113

圖114

圖115

五、前手上擊拳

上擊拳是原本截拳道中近戰殺傷力極強的拳法之一，一旦貼身，運用機會較多。

1. 從警戒式開始，身體重心壓向前腳，同時腳跟微踮起，前腿稍屈膝；右肘略與肋部夾緊，右拳（自然彎曲）隨上身略下沉，蓄勢待發。（圖116、圖117）

【注意】

（1）蓄勢中的「下沉」雖是分解說明，實為自然連貫動作，運用時切不可給對方以預兆先機。

（2）出拳時，肘部要貼近肋部，最大限度地防止暴露肋部要害，因此動作要小而巧。

2. 上動不停，以右腳腳掌為軸，腳跟、腰胯逆時

圖116

圖117

圖118

圖119

針撐動，帶動右肩前送，大小臂約為90度夾角，沿弧線向上抄起，拳心向裏，至下頜同高，力盡後恢復警戒式。（圖118、圖119）

【注意】

（1）腳跟與腰胯水平旋轉發力時，要充分結合右腳的蹬伸與重心上提的力量，可謂「三力合一」，如同飛來的火鉤一般。

（2）空擊練習時，力點最後要凝聚在拳頭上，動作要富有彈性。

六、前手鏟拳

前手鏟拳與前手上擊拳發力相似，唯鏟拳是與地面平行線呈45度角擊出，拳心斜向上，主要攻擊敵方的腹部。（圖120～圖122）

圖120　　　　　　圖121　　　　　　圖122

圖123

圖124

七、後手上擊拳

1. 從警戒式開始，身體重心移至後腳並同時提起腳跟部，後腿微屈，左拳與左肩一起略沉，蓄勢待發。（圖123、圖124）

【注意】

身體重心降至後腳，後腿微屈膝，左肩、左拳下沉——這一系列蓄勢均為一個整體動作，上擊拳不管多快，都要有一個整體發力的動作，練習中注意體會之。

2. 後腳蹬伸，左腰胯順時針轉動，左肩借勢前送，帶動左拳（大小臂夾角為90度）沿弧線向上抄打，至下頜同高，拳心向裏；右拳護於右臉頰，目視

圖125

圖126

前方；力盡後恢復警戒式。（圖125、圖126）

【注意】

擊打時肘部要貼近肋部，幅度不宜過大。

八、前手掛捶

前手掛捶是以對方頭部側面太陽穴、面頰、鼻梁等為主要目標。如與「封手攻擊」連接使用，可拉打結合，產生巨大的殺傷力，是李振藩宗師當年喜歡用的技法之一——因為它如兩輛迎面疾馳的汽車相撞一般！

從警戒式開始，後腳蹬地，重心前移前腳；腰胯順勢向左微微抖動，力經肩部貫穿於小臂，小臂迅速從左至右以弧線抽打至人體中線位置，力達拳鋒，與

圖127

圖128

圖129

圖130

太陽穴平齊；後手護於中線處；力盡後自然彈回至身
側。（圖127～圖130）

【注意】

（1）初練時可慢慢體會，掛打是一種全身的整體連貫性動作，從後腳蹬地、微抖胯到鞭打，如過電流般暢快，切不可練成單純的手臂「加速度」。

（2）另外，手臂從警戒式出拳，手臂在哪裏就在那裏直接出擊，不可後拉再打，以避免動作出現預兆。

第二章
原本截拳道的核心技藝

第一節　防禦技術與躲閃

一、左右格擋

從警戒式開始，左手握拳稍用力，向左外撥至肩側為止，動作恢復如初；右手如左拳般稍用力握拳，向右外撥至肩側為止，動作恢復如初。（圖131、圖132）

圖131　　　　　　　　圖132

【注意】

（1）左右格擋儘量以「不動肘」為原則，它可以撥擋襲向肘部以上位置攻來的拳腳。

（2）若抵禦對方平勾拳的側向攻擊，還可大小臂夾緊，形成盾牌狀。（圖133）

圖133

二、左右拍手

橫拍手

從警戒式開始，左手變掌，以掌根發力，在體前輕快地向右橫推，不超過肩側；右手變拳向左橫推。（圖134、圖135）

圖134

圖135

【注意】

橫拍手的運用範圍是兩手之間（即內門）的距離，可拍消襲來之拳腿。

三、低位拍手

從警戒式開始，以手肘為軸，掌根發力，斜向下拍（圖136、圖137），若擋住襲向下襠的踢擊，還要配合身體的左轉（圖138）。

【注意】

此拍手可以消解胸部以下襲來的拳腳，要求動作短小輕快，富有節奏感。

圖136　　　　　圖137　　　　　圖138

圖139

圖140

圖141

四、前後括手

從警戒式開始，右拳變掌，以右肘為軸，弧形經體前向下、向外撥擋，至大腿外側為止，力達掌根（圖139、圖140）；左掌經體前向內、向下、向左外側撥擋（圖141）。

【注意】

括手主要是將對方的側踢或勾踢化解掉，撥出攻擊軌跡即可，可謂「以柔化剛」。對付襲向胸部以下的側踢，通常是括手配合鐘擺步使用。（圖142～圖144）

圖142

圖143　　　　　　　　圖144

五、肘 擋

1. 從警戒式開始，身體重心偏向左腳，右拳經體前向下運行，以突出右肘尖，右肘尖向右側外磕，左拳護於下頜，上動不停，恢復警戒式，（圖145、圖146）；左肘依法炮製，唯方向相反（圖147）。

圖145　　　　　圖146　　　　　圖147

李小龍原本截拳道

【注意】

（1）右肘外磕，伴隨重心身體微微向左轉動；左肘外磕，重心偏向右腳，身體向右輕微轉動。

（2）整個動作要機巧、靈動，富有彈性。

（3）肘部磕擊主要用於對付對手的左右橫勾踢，用肘尖碰撞對手的腳背，令其喪失戰鬥力，因為肘部不需多練，天生質地堅硬。

2.從警戒式開始，身體重心略下沉，含胸收復，帶動右肘沉擊，恢復警戒式（圖148）；左肘依法炮製（圖149）。

【注意】

肘部沉擊主要用於對付對手的左右上勾拳（鏟拳），令對手無從下手。

圖148　　　　　　　　　　　　圖149

六、腿部避讓

從警戒式開始，身體重心移向後腳，右膝內拐，前腳腳跟抬起，腳掌觸地，雙拳防護，目視前方（圖150、圖151）；或前腳直接運用「踏後步」（圖152）。

【注意】

（1）腿部避讓主要用於防範對手襲來的低位側踢或橫勾踢。

（2）整個動作要機動靈活，切記：對於襲來的低位（大腿以下的）腿法，原則是「腿來腿對付」，切不可用上肢貿然下擋，雙手應嚴防對手對於上盤的「調虎離山」之計。

圖150　　　　圖151　　　　圖152

圖153

圖154

七、（滑步）左右側閃

1. 從警戒式開始，左腳向左側滑一小步，右腳迅速跟進，同時右腰胯帶動右肩內旋，左手掌在右肩側防禦，目視前方。（圖153、圖154）

【注意】

（1）左側閃主要用於躲避對方高位直線性攻擊，滑到對方雙拳外側較為安全，迫使對方的右拳在我方右肩上掠過，此時我方雙手又可以伺機反擊。

（2）此技是變換角度的閃避式防禦法，向左滑步不是消極避讓，而是積極換位，恰好使對方攻擊落空，我方又能獲取最佳的攻擊角度。

（3）左滑步閃與單純的左滑步稍有不同，它忽略了左腳的先移位，而直接是右腳先向左稍稍滑動，

圖155　　　　　圖156　　　　　圖157

其用意是於刀光火石之間快節奏地把
握機會。

　　2. 從警戒式開始，右腳向右滑動
一小步，稍屈膝，身體重心隨之移向
右腳（左腳可以帶著跟進）；腰胯著
力，帶動左肩向右旋轉，同時頭部稍
偏向右側，雙手機警防護，目視前
方。（圖155、圖156）

圖158

八、左右搖閃

　　1. 從警戒式開始（圖157）；身體重心下移，雙
腿屈膝，含胸收腹低頭，雙拳護頭，雙肘護肋（圖
158）；上動不停，身體重心移向左腳，帶動身體略

圖159

圖160

圖161

向左平移（圖159）；起身，身體重心依然恢復於雙腿之間（圖160）。

【注意】

（1）此技法是防禦高位弧線型攻擊，如橫勾踢、勾拳等。

（2）熟練後，整個動作圓滑，富有彈性，頭部伴隨著身體晃動呈「U」形畫弧。

（3）善用身體重心的轉換，用靈活的腰胯來控制動作節奏，形成完美的躲閃技術。

2.從警戒式開始（圖161）；身體重心下降，含胸收腹低頭，雙拳護頭，雙肘護肋（圖162）；上動不停，身體重心移向右腳，帶動身體略向右平移（圖163）；起身，身體恢復警戒式（圖164）。

圖162　　　　　　圖163　　　　　　圖164

圖165　　　　　　圖166　　　　　　圖167

【注意】同上。

九、後 閃

　　從警戒式開始，身體重心略移後腳，帶動身體後仰，收下頜，雙拳防護，目視前方。（圖165～圖167）

【注意】

此技法主要用於對付襲向我方高位的拳打腳踢，後閃動作幅度不可過大，隨時能機警地恢復，抓住戰機。

十、轉肩閃

此技是利用重心的後移帶動身體旋轉以圖避讓，可以對付襲來的高位拳腿或低位踢擊，是李振藩宗師經常施展的技藝之一。

1. 從警戒式開始，身體重心移向後腳，前腳腳跟抬起，腰身與右膝向左後方旋轉，右肩向左內旋，右肘護肋作防護狀，左拳高護，目視側方。（圖168～圖170側面示範）

圖168

圖169

圖170　側面示範

【注意】

（1）此技在對方攻勢過猛之際，有「誘敵深入，回馬一槍」的技擊含義。

（2）整個技藝需嫻熟、流暢，充分發揮肩、肘、手的立體防護作用，減少對敵人的暴露面積。

第二節　「條件反射」與擊靶

一、基本拳腿擊靶

1.前手直拳

如圖171那般，陪練將右手靶支起亮出時，我方（身著白色上衣者）以此為信號，前腳滑動的同時擰動右側腰胯，以右前手直拳出擊，如圖172；上動不停，在後腳蹬地跟進的同時，右拳擊中靶位中央，如

圖171　　　　　　　　　圖172

圖173　　　　　　　　　　圖174

圖173，在陪練收靶時，我方迅速後滑，恢復警戒式，如圖174。

【注意】

（1）雙方對峙距離以一掌長度為宜，如圖175。

圖175

（2）動作熟練後，為了出拳更為隱蔽，縮短對手的反應時間，可以試著將手臂先行啟動，然後前腳滑步，具體節拍是：出拳、滑前腳、後腳跟進——這也是湯米師傅強調的擊劍的基本原理之一。

（3）切記：任何拳腿想發出驚人的爆發力，在擊靶練習中，頭腦要有穿透靶面的意念，猶如書法中高深的筆法講究「力透紙背」一般。

圖176　　　　　　圖177　　　　　　圖178

2. 後手直拳

　　從警戒式開始，當陪練亮出左手靶時，我方迅速右腳前滑，左腳跟進的同時扭動左側腰胯，以後手直拳擊向靶位中央，打完後迅速後滑，恢復警戒式。（圖176～圖178）

3. 上擊（鏟）拳

　　從警戒式開始，當陪練左手肘在上，右手肘在下，「疊壓」亮靶時，我方立即前滑上去，右腳跟抬起，蹬地擰動右腰胯，打出右上擊（鏟）拳。（圖179～圖181）

圖179　　　　　　圖180　　　　　　圖181

【注意】

依此法練習左（後）上擊拳（圖略）。

4. 橫勾踢

從警戒式開始，當陪練將左手肘上抬，我方後腳立即墊步，以右腳勾踢陪練的右手靶；踢完後，立即後撤，恢復警戒式。（圖182～圖185）

【注意】

陪練拿靶用力要適宜，不可迎擊，以避免練習者腳踝受傷，練習者踢靶要有清脆的聲音。

圖182　　　　　　　　　圖183

圖184　　　　　　　　　圖185

5.側 踢

從警戒式開始，當陪練將右手肘抬起，左手從後抵住，雙靶在胸腹前亮出時，我方立即墊步側踢，瞄準靶位，快打快收，迅速後撤。（圖186～圖189）

【注意】

（1）漂亮的側踢擊靶是撐腰展胯、大腿加速度的結果。

（2）擊靶動作要乾脆而又富有彈性。

6.逆勾踢

逆勾踢雖不常用，但這也是截拳道中出人意料的

圖186 圖187

圖188 圖189

李小龍原本截拳道

圖190

圖191

一招，通常一個技法全面的對手常常令人發慌。

從警戒式開始，當陪練將左手靶側立亮出時，我方左腳立即墊步，擰腰展胯發出右腳逆勾踢，腳底觸靶，踢完後迅速後撤，恢復警戒式。（圖190～圖192）

圖192

【注意】

有力的一踢應將陪練的左手靶踢翻到左側。

二、直拳的專項速度練習

陪練用右手持靶，貼於右胸部，左手伺機拍擋我方出擊的手臂；我方必須集中注意力，努力提升自己的速度，用爆發力擊中靶位，而又能迅速收拳，不被陪練截住。（圖193～圖195）

圖193　　　　　　　　　　圖194

圖195　　　　　　　　　　圖196

【注意】

陪練除了拍擋練習者的
來臂，還可用直拳追擊，以
逼迫練習者養成攻守兼備的
習慣，如圖196、圖197。

圖197

三、基本組合與擊靶

1. 前手直拳＋後手直拳＋前手平勾拳

如圖198那般，雙方對峙，陪練將左手靶正面亮出，右手靶面向左，我方見機先出滑步前手直拳，如圖199；再出後手直拳，擊中靶位，如圖200；最後轉腰擰胯以一記前手平勾拳擊出，迅速恢復警戒式，如圖201。

圖198　　　　　　　　　　圖199

圖200　　　　　　　　　　圖201

【注意】

（1）前、後手直拳均打在陪練的左手靶位上，最後的前手平勾拳打在其右手靶位上。

（2）整個動作要協調連貫，肌肉放鬆。

2. 前後直拳＋平勾拳＋後手直拳

如圖202那般，雙方對峙，當陪練突然將左手靶正面亮出，右手靶側面亮出（靶面向左），我方先出滑步前手直拳，如圖203；上動不停，以左手後直拳擊中陪練的左手靶，如圖204；前手又出平勾拳，打在陪練的右手靶上，如圖205；最後，以後手直拳結

圖202

圖203

圖204

圖205

束，如圖206。

【注意】

前手直拳在實戰中運用，可實可虛，也作引手；而後直拳、前勾拳、後直拳，正是李小龍倡導的「安全三下」，最後一擊，又回到第一擊的攻擊

圖206

方式，即有利於保持動作節奏，又可讓對手迷茫。

3. 前後直拳＋前腳橫勾踢

如圖207那般，陪練將左手靶正面亮出，我方滑步出前手直拳，如圖208，上動不停，出後手直拳，如圖209，陪練以迅捷的速度將雙手靶面亮於左下方，我方立即墊步出前腳橫踢，然後迅速恢復警戒式，如圖210。

【注意】

拳腿銜接要協調流暢，動作沒有停滯感。

圖207　　　　　　　　　　圖208

<table>
<tr><td>圖209</td><td>圖210</td></tr>
</table>

圖209　　　　　　　　　　圖210

四、活靶與餵靶

　　所謂「活靶」是指相對於固定靶位的擊靶而言，是陪練有意引導截拳道練習者進入更加真實、變化的實戰之中。正如一代拳王阿里所言，「比賽成敗不是在拳擊台之上，而是由訓練館裏的練習決定的」。

　　所以，面對一個活生生的對手，而不是木人樁，我們無法預知他下一個動作是什麼，我們只能依據他的來式，決定我們的出招方式。一如李振藩宗師所言，「我的動作是你的動作的結果」。而本節內容就是訓練截拳道練習者本能地出招，無需思考，把反擊的動作練成「針扎皮膚般」的條件反射。

　　以下「餵靶」動作為了方便練習者練習，分成若干小循環，初練時，可單一循環，熟練後可打亂練習順序，互相交叉練習。最重要的是學會訓練方法，分析不同流派（對手）的出招方式，做出針對性練習，

圖211　　　　　　　　　圖212

圖213　　　　　　圖214　　　　　　圖215

以提升您的功夫水準。

　　1. 雙方如圖211那般對峙，陪練以一記前橫踢踢向我方腰腹部，我方立刻警覺地拍擋，如圖212；我方以敏銳的洞察力，發覺陪練的右手靶（靶面斜向下）向我方頭部襲來，立即下潛搖閃到左側，如圖213；上動不停，陪練胸有成竹地將靶位亮出，我方起身後根據靶位打出左手直拳，接前手平勾拳，如圖214、圖215。

　　【注意】

　　陪練在練習中，盯住練習者招式可能出現的破

圖216　　　　　　　　　圖217

圖218　　　　　圖219　　　　　圖220

綻，予以適時攻擊，以訓練練習者自如應對突如其來的襲擊，培養其攻防轉換能力。

　　2. 雙方對峙如圖216那般，陪練不動聲色，以一記快速側踢向我方踹來，我方下意識地迅速後撤閃開，如圖217；用餘光瞥見陪練亮靶，我方用側踢徑直踹去，如圖218；在我方右腳還沒有落地，陪練看到我方頭部右側有空檔，持靶橫拍過來，我方以右臂夾緊擋住，如圖219；上動不停，陪練看到我方右下肋有空檔，立刻橫拍過來，我方以右肘克之，如圖220。

【注意】

活靶練習並沒有定式，純屬即興而作。但其中攻防細節是有規律可循的，餵靶要符合技擊原理，這需要在不斷的學習中摸索⋯⋯

3. 如圖221，雙方在近距離遭遇；陪練用右手靶模擬上擊拳攻擊我方，我方身體向左轉同時仰閃，如圖222；上動不停，陪練用左手靶模擬上擊拳勾擊我方，我方身體向右轉同時仰閃避之，如圖223；上動不停，陪練以右手靶（靶面向下）模擬前手直拳出擊，我方急用左臂撥擋（左小臂輕磕）之，如圖224；上動不停，陪練以左手靶（靶面向下）模擬後手直拳出擊，我方重心壓至右腳，側閃到對方左外側，如圖225；上動不停，我方以右上擊拳猛烈地擊打陪練的靶位，如圖226。

【注意】

練習者初練時應放慢速度，有條不紊，動作到

圖221　　　　　　　　　圖222

圖223

圖224

圖225

圖226

位，明白基本的攻防手
段，假以時日，再加快速
度，無限接近真實的反應
速度。

　　4. 如圖227那般，雙
方在近距離接觸，陪練用
左手靶（靶面斜向下）模

圖227

李小龍原本截拳道

圖228

圖230

圖229

圖231

擬平勾拳，打擊我方頭部右側，我方急下潛向右閃避，如圖228；陪練有意提前將右手靶亮出，起身後，我方以右平勾拳擊出去，如圖229；上動不停，陪練雙手將靶亮於左胸前，我方出前腳橫勾踢，如圖230；上動不停，陪練趁機以前腳踢向我方胸腹部，我方以右手拍消之，如圖231。

【注意】

下潛搖閃起身接拳的規律是，下潛左搖閃，起身通常接左後直拳；下潛右搖閃，通常接前手平（螺旋）勾拳。

圖232　　　　　　　　　　圖233

圖234　　　　　　圖235　　　　　　圖236

　　5. 如圖232那般，陪練雙手突然將靶面（與下頜同高）向下，我方立即反應為可連續擊打，出前後上擊拳，如圖233、圖234；上動不停，陪練以右膝頂擊我方左軟肋，我方以左肘尖回肘克之，如圖235；如陪練將左手靶面亮出，我方可用前手直拳擊之，如圖236。

　　【注意】

　　深刻理解基本動作的攻與防，用截拳道的構思設定實戰情形，力求精簡、直接！舉一反三，將全身每個部位的反應都要練到。

第三節 高效截擊

「截擊」無疑是原本截拳道的核心功用，作為技擊之道，李小龍曾將截拳道定義為「科學的街頭格鬥技」。可以概述為，採用簡單、直接、非傳統性的技戰術方法和手段，迅速高效地攔截或破壞對手的攻擊意圖和攻擊行動，以最小的消耗獲得最好的效果，力求速戰速決的一門科學先進的街頭無限制徒手格鬥技術。其訓練之法是從實戰中學習實戰，日日精簡，精益求精。

如此可見，截擊在截拳道中的分量是舉足輕重的。簡而言之，截擊是截拳道的靈魂。

一、先發制人

如圖237雙方對峙；當對方一動手，我方迅速搶先出擊，以一記前手直拳擊向其面門，如圖238；當對方做出仰頭的反應時，我方以後手直拳擊打其胸部，如圖239。

【注意】

李小龍的身手快，並不全是肢體的加速度，而是基於敏銳的超前洞察力。發現對方的動作端倪，打其一個措手不及，即搶占先機，其實最好的截擊，就是

圖237　　　　　　圖238　　　　　　圖239

進攻——這是截拳道練習者要深悟的技擊哲理。

二、簡單的側踢截擊

1. 如圖240、圖241般，當襲擊者專注於攻擊我方上盤時，我方以一記高品質的低位側踢（目標為對方膝蓋骨或小腿脛骨），就能很好地達到戰術目的。

2.如圖242～圖244那般情景，對付擅用後腳掃踢者，原本截拳道者通常會用起動速度更快的前腳側踢，因為兩點之間直線最短，「以直破弧」更為明智之舉。

圖240　　　　　　　　　　　圖241

圖242　　　　　　　　　　圖243

圖244　　　　　　　　　　圖245

【注意】

　　作為技法全面的截拳道者，您在相同的情景下，還可選擇用一記簡單的前手直拳，迎面擊去，切記在對方後腳掃踢剛剛起動之際，用左手掌抵住對方的右大腿根部，即發力之源（如圖245），以小動作搏大動作，打亂其節奏與平衡。

三、閃身截擊

1. 右側閃截擊

當對方用前手直拳擊出的一剎那，我方右腳向右前方滑步，成功避開對手前手直拳的同時，我方以前手直拳從側面擊出，如圖246～圖248。

雙方對峙（圖249），在對方欲出前腳橫勾踢的一剎那，我方右腳向右前方滑步，避開對方前腳，蹲身的同時，照其胸腹部以一記後手直拳，接前手上勾拳，加後手直拳徹底擊潰對手，如圖250～圖252。

圖246　　　圖247　　　圖248

圖249　　　　　圖250

圖251　　　　　　　圖252

圖253　　　　　　　圖254

2. 後閃截擊

在對方的前手直拳攻來之際，我方身體重心置後，仰身閃過對方來勢，如圖253、圖254；緊接著，以前手追擊對方的面部，後手擊其胸部，如圖255、圖256。

3. 轉肩閃截擊

如圖257那般雙方對峙，對方以前手直拳來襲，我方以左手阻拍掉，如圖258；當對方左（後）手直拳打來時，我方身體重心立即移到後腳，轉肩閃掉來

圖255

圖256

圖257

圖258

圖259

圖260

拳，如圖259；上動不停，身體重心下沉，左拳回馬
一擊，打對方的腹部，如圖260。

【注意】

閃躲到對方恰好攻擊不到的地方即可，閃得過遠，不利反擊。

4.（側閃）截擊左右直拳

雙方對峙，當對方前手直拳襲來時，我方右腳前滑到對方的內門，身體右側閃的同時發左後手直拳擊其軟肋，如圖261、圖262；若對方用後手直拳攻擊我方，我方還可以向右側閃到對方的左側，繼續擊打其左側軟肋，如圖263。

【注意】

截擊對手右手直拳，還可以用前手，如圖264。

5. 腿部避讓

對方以前腳低位橫勾踢襲來時，我方前腳踏後避讓，待其「舊力已過，新力未發」之時，右腿抬腳，左腿拖步，橫踏其右膝，如圖265～圖268；上動不

圖261　　　　　　　　圖262

圖263　　　　　　　　　圖264

圖265　　　　　　　　　圖266

圖267　　　　　　　　　圖268

停，左手阻截對方的右臂，右手直拳同時擊出，如圖269。

【注意】

右腿舉腿，左腿拖步，又叫單滑步，相對後腳墊步來說，預兆更小，起動速度更快。

圖269

第四節　封手攻擊

一、拍手封

1. 雙方近距離對峙，我方佯攻，對方本能格擋，於是形成「搭橋」狀態，如圖270、圖271。我方左手拍壓對方的右小臂，右拳進攻，遇到對方左手護擋，我方以左手繼續拍壓對方的左小臂，呈「一拍

圖270　　　　　　　　圖271

圖272

圖273

圖274

圖275

二」勢，如圖272、圖273。

【注意】

拍壓動作要小而巧，拍打同時要富有節奏感。

2. 如圖274、圖275，在近身格鬥中，對方以右手拳擊出，我方以左手拍擋；幾乎同時，我方右手在內側中線向右外側擋對方左手的同時，左手變拳（詠春近身打法均呈「立拳」）擊出，如圖276；為防止對方雙手繼續反擊，我方左手力盡後，向下拍壓對方的雙臂，再以右拳擊出，如圖277。

圖276

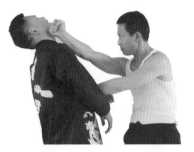

圖277

圖278

圖279

【注意】

（1）此技是「一拍二」的實戰活用法，在實戰中，左手可直接拍手，直接運用「封手」技法，活學活用，不可僵化。

（2）在封手攻擊中，依然使用詠春的「日字沖捶」，即拳眼朝上的直拳，它充分利用「肘底力」，可壓迫對手，並兼顧肘下軟肋的防守，如圖278、圖279。

3.托肘打

如圖280、圖281，在試探交手中，我方刺探到

圖280　　　　　　　　　圖281

圖282　　　　　　　　　圖283

圖284　　　　　　　　　圖285

對手習慣於用右手直拳；於是，我方再次抓住機會，以左手拍擋，右手不失時機地反手托起其右肘，以左上擊拳同時連續擊打其右肋與頭部，如圖282～圖285。

【注意】

托肘動作要小巧圓滑，緊跟左手拍擋之後。

4. 標指穿打

在街巷近戰中，對付右手直拳的進攻，我方可使用封打，如圖286、圖287；若遇到對方後手阻拍時，我方左手沿直線從下穿過其左小臂，並向下按壓其雙小臂，以右手拳攻出，如圖288、圖289。

【注意】

標指在詠春裏，可以用於分化對手的力量，可謂「四兩撥千斤」。

圖286　　　　　　　圖287

圖288　　　　　　　圖289

圖290

圖291

圖292

圖293

5. 上動中，我方左掌還可以先標出，再反手回拉對手的小臂，以右手拍壓，左手擊打，如圖290～圖294。

圖294

【注意】

左手回拉對手小臂，令對手前傾，有利於左拳擊打更為猛烈。

6. 雙方近戰對峙，我方封打對方遇阻，如圖295、圖296；我方左手標指從下穿插到對方的左手上

圖295　　　　　　　　　圖296

圖297

圖298

方，右手稍用力拍其左小臂，如圖297、圖298；上動不停，左手按壓對方的雙臂，同時以右拳擊出，如圖299。

圖299

二、拉手封

1. 雙方在遠距離遭遇，我方低位側踢先攻，落地出前手直拳，對方右臂本能格擋，形成「搭橋」之

圖300   圖301

式，如圖300～圖302；我方右手反抓其右小臂，回拉的同時以左手掌外側砍擊其右頸動脈，上動不停，左手封壓其雙臂，右拳擊出，如圖303、圖304。

圖302

圖303

圖304

圖305　　　　　　　　　圖306

圖307　　　　　　　　　圖308

圖309　　　　　圖310　　　　　圖311

　　2. 近戰對峙，雙方交手，我方以左手消擋對方的右手直拳後，右手順勢攔拿其右手，抓住機會，同時以左手用力橫拍對方的面部，如圖305～圖308；上動不停，我方立即避實就虛，在對方的左臂上方，使出連環線沖捶擊打對方的頭面部，如圖309～圖311。

圖312　　　　　　　　　圖313

圖314　　　　　　　　　圖315

【注意】

連環線沖捶要鑽空就打，速度要快，讓對手防線大亂。

3. 雙方對峙，如圖312，我方佯攻與對手「搭橋」，拉打同時，如圖313、圖314；若對方以左手橫拍時，我方左手可順勢抓握其橫拍手，以右拳向上擊出，如圖315。

4. 雙方「搭橋」後，我方回拉對方右手小臂的同時，左手標指「標出」以分解其左手橫拍之力，並回手後拉，以右掛捶擊之，如圖316～圖318。

圖 316

圖 317

圖 318

圖 319

圖 320

圖 321

5. 雙方「搭橋」後，我方右手回拉對方的右手腕部，若對方左手橫拍過來，我方順勢以左手按壓其左臂，右拳擊其下肋或頭部，如圖319～圖322。

圖 322

三、走手封

1. 雙方以右警戒式對峙，在封拍對方來勢之後，我方右手攻擊遇到對方左手外撥，如圖323～圖325；上動不停，我方以左手橫越壓拍對方的雙小臂，同時擊出右拳，如圖326。

【注意】

所謂「走手」是在左手拍封的掩護下，右手靈活機動地尋找攻擊目標（控制把位）的過渡性手法。

圖323

圖324

圖325

圖326

圖327 圖328

圖329　　　　圖330　　　　圖331

2. 我方佯攻，左手封拍對手，右手「走手」搭附其左護手，右拳從下繞進對方的內門搶攻其中線要害；上動不停，在對方內門「門戶大開」之際，我方以左拳徑直擊出，如圖327～圖331。

【注意】

詠春的內門是指雙臂內側部位，搶先攻入內門，有利於速戰速決。

3. 雙方以右警戒式對峙，在封拍對方右手來拳之後，我方右手「走手」控制把位，雙臂下拉其雙臂，迎頭頂膝，如圖332～圖334；上動不停，我方右手抓握對方的左手大拇指，左手合力將其順時針擰倒，擒摔在地，如圖335、圖336。

圖332

圖333

圖334

圖335

圖336

【注意】

撐摔動作要迅猛，不給對手以反制的時間。

4. 左手拍封對方右臂，右手「走手」擊向對方的下襠，在對方驚愕之際，迅速重向上盤展開攻擊，如圖337～圖340。

【注意】

右手「走手」要自由靈活，避實就虛，出其不意，攻其不備，如水滲隙。

圖 337

圖 338

圖 339

圖 340

第五節　聯合攻擊

聯合攻擊即配合一連串的攻擊，利用連環的拳打和腳踢，誘使敵人露出弱點，進而予以痛擊，動作務必連貫，直到敵人倒地為止。

一、對付左手在前的對手

左手在前的對手，通常後手拳腿較重，但有利必

圖341　　　　　　　　　圖342

圖343　　　　　　　　　圖344

有弊，相應的後手拳腳啟動較前手拳腳慢。因此，如何揚長避短、抑制對手長處就是智慧性拳手的首要功課。

1. 雙方遠距離對峙，我方以前腳低位橫勾踢擾亂對手，落地前滑的同時，以前手直拳快速攻擊，如圖341～圖343；右腳帶動左腳環繞到對方左側，用上擊拳擊打對方的左下肋，如圖344；

上動不停，右腳帶動左腳繼續向右環繞，以前手

李小龍原本截拳道

圖345　　　　　　　　圖346

圖347　　　　　　　　圖348

直擊結束戰鬥，如圖345。

【注意】

（1）拳到步到，步法要靈活迅速。

（2）輔助（手靶）練習如下：陪練左手將靶位亮於左肋下，右手靶置於頭側，藉以貼近模擬實戰訓練，如圖346；我方發前腳橫勾踢，落地接前手直拳，如圖347、圖348；隨後發環繞步上擊拳接環繞步前手直拳，如圖349、圖350。

圖349

圖350

圖351

圖352

2. 雙方遠距離交戰，我方不停地移動，藉以迷惑對手，如圖351；我方右手佯攻，右腳側踢對方的左膝蓋，如圖352、圖353；右腳落地後，以左手直拳直擊對方的胸部，如圖354。

【注意】

（1）交戰前的移動與晃動，可以增強我方的隱蔽性與啟動速度。

圖 353　　　　　　　　　　　圖 354

圖 355　　　　　　　　　　　圖 356

（2）左手直拳要重、狠，擊打節奏明顯。

（3）輔助（手靶）練習如下：陪練左手靶低位模擬膝蓋，右手靶模擬頭部，如圖355；我方佯攻啟動，先踢低位靶，然後出後手拳重擊高位靶，如圖356～圖358。

二、對付右手在前的對手

1.雙方遠距離交戰，對方滑步以前手直拳攻來，我方迅速拍開，後撤伏擊對手，如圖359～圖361；當對手不加思索地故技重施時，我方拍打結合——右

圖 357　　　　　　　　　　　圖 358

圖 359　　　　　　　　　　　圖 360

圖 361　　　　　　　　　　　圖 362

手直拳重擊，最後補上一腳前勾踢，結束戰鬥，如圖
362～圖364。

圖363　　　　　　　　圖364

圖365　　　　　　　　圖366

【注意】

（1）輔助（手靶）
練習如下：陪練右手靶模
擬右手直拳攻擊，練習者
拍開後撤，如圖365～圖
367；陪練再次出擊，練
習者消打同時，陪練將左

圖367

圖368

圖369

圖370

圖371

手靶置低，練習者補上一腳，如圖368～圖370。

　　（2）練習者還可以在消打同時，將右手直拳換為鏈拳攻擊（如圖371）；或換為薑子拳攻擊（注：南拳常用手型，握拳時，食指、中指、無名指和小指併緊，四指的第二、第三指骨緊屈，貼靠於第一節指根，拇指向內彎曲，拳面和拳背呈一平面，手心伸平，拳如薑狀，如圖372、圖373手部特寫）；或換為「殺頸手」砍擊對方右頸動脈，如圖374、圖375。

圖 372

圖 373　手部特寫

圖 374

圖 375

2.雙方遠距離交戰，對方以一記橫勾踢飛踢而來，我方拍開，如圖 376、圖 377；在對方前腳欲動之際，我方以迅雷不及掩耳之勢，側踢

圖 376

圖 377　　　　　　　　圖 378

圖 379　　　　　　　　圖 380

圖 381　　　　　　　　圖 382

截擊，落地出右手直拳，最後補上一記側踢，結束戰
鬥，如圖378～圖382。

圖383　　　　　　　圖384

圖385　　　　　　　圖386

【注意】

（1）整個組合動作要協調連貫，富有衝擊力。

（2）輔助（手靶）練習如下：拍開對方的右橫勾踢，如圖383、圖384，截擊對方的小腿脛部（點到即可），如圖385、圖386，落地出前手拳（直拳、掛捶皆可），再補上一腳，如圖387～圖389。

圖387

李小龍原本截拳道

圖 388　　　　　　　　圖 389

圖 390　　　　　　　　圖 391

圖 392　　　　　　　　圖 393

3. 雙方遠距離對峙，在化解對方一連串遠踢近打後，我方後閃接前手追擊，如圖390～圖394，為擴

圖394　　　　　　　　　圖395

圖396　　　　　　　　　圖397

大戰果，我方銜接組合拳（後直拳、前平勾拳、後直拳），如圖395～圖397。

【注意】

（1）後閃追擊，動作要迅速，審時度勢，伺機而動，切不可死搬硬套。

（2）輔助（手靶）練習如圖398～圖405。

圖398　　　　　　　　　　圖399

圖400　　　　　　　　　　圖401

圖402　　　　　　　　　　圖403

圖404　　　　　　　　　圖405

第六節　實戰反應訓練

　　為了提高技術和勁道，應勤加練習身體的反應速度，並親身體會各種姿勢的效率，從中學習最具效率的對敵姿勢。

——李小龍

　　面對面搏擊的時候，應該洞察對方的弱點和特長，善加把握對方因弱點產生的空檔，適時採取攻擊行動，切勿考慮使用什麼技巧，否則，時機稍縱即逝。技巧的使用應自然順暢，無須刻意強求。大腦應時常訓練，以期能夠正確判斷對方的出擊招勢，採取適當的攻擊行動。

　　由於攻擊動作是自發性的，動作應發於瞬間，精

神上處於放鬆狀態，搏鬥之際即使發生新情況，仍然能夠毫無顧慮地專心於擬策應付方法。總之，無論腦中想的方法如何，只要想到什麼，就做什麼，切不可拘泥於形式。

　　若要達到李小龍所言的「自由無羈」之境界，必須進行有針對性的實戰反應訓練，以求應對自如、駕輕就熟……

戰例一

　　雙方遠距離試探進攻，我方以前腳低位勾踢騷擾對手，如圖406、圖407；對方看到我方前腿，立即選擇避讓，錯開時間差，側踢截擊我方肋下空檔，如圖408、圖409；我方擋開來腳，瞥見對方頭部空檔，順勢發一記逆勾踢，如圖

圖406

圖407

圖408

李小龍原本截拳道

圖409

圖410

圖411

圖412

410；對方反應甚是敏捷，右臂握拳擋開，以後手直拳擊出，如圖411；我方一看不妙，本能後閃，待對方拳退之際，用最快的前手直拳追擊，如圖412。

【注意】

（1）所謂兵來將擋，水來土掩，各用各法，相剋相生，揚長避短，設法抑制對方的長處。在平常心之下，自由發揮，大可盡將自己所學招勢，活學活用，融會貫通，精打細磨，可謂「沙場秋點兵」。

（2）反應攻擊應收放自如、點到即止，以練習技術為主，切不可逞匹夫之勇。

（3）反應動作必須要有效，符合原本截拳道技擊原理。

戰例二

雙方在不停的移位中晃動，我方瞄準機會，以一記前腳橫勾踢踢向對方的胸腹部，如圖413、圖414；對方拍開後，就是一記右手平勾拳，如圖415；我方蹲身搖閃，起身欲出左拳，如圖416；對

圖413　　　　　　　　　圖414

圖415　　　　　　　　　圖416

圖417　　　　　圖418　　　　　圖419

方洞察敏銳，右閃截擊我方左拳，如圖417；我方應對手的變化，將左拳變掌托提對方的左肘，以右上擊拳擊打對方的肋下、頭側。

以我方封手成功，暫時為上峰，此一回合結束，分開繼續，如圖418、圖419。

【注意】

「無招勝有招」「我的動作是你的動作的結果」，這些李小龍的至理名言，揭示了技巧的隨機應變的本質。

戰例三

雙方在輕鬆的心境下磨鍊技巧，我方出前手直拳接前腳橫勾踢，如圖420～圖422；對方有條不紊地一一化解，在對方出右手直拳時，我方以右手格擋，左拳趁機從雙方膠著的「縫隙」中打出，然後補上一腳，如圖423～圖425。

圖420　　　　　　　　　　　　圖421

圖422　　　　　　　　　　　　圖423

圖424　　　　　　　　　　　　圖425

【注意】

（1）實戰反應中要抓住「拍子」，即適合有效攻擊的短暫時間。

（2）不論是攻擊或防衛，一個動作的成敗，完全取決於時間是否適當，採取行動的時候，必須使對方措手不及，趁其疲憊無力的瞬間加以追擊，並準確掌握對方精神或肉體上顯現弱點的瞬間。此外，對方下意識採取行動時，即故意誘使我方攻擊時，是適於攻擊之瞬間，因為一個動作既然開始，則非要到結束不能立即收勢，猶如覆水難收。時機的選擇是攻擊成敗的重要決定因素，即使技巧優美或快如閃電，時機不適的話，最後還是會歸於失敗。

第三章
史上最簡單實用的自衛術

　　湯米上課時最喜歡引用李小龍的一句話，就是「能用一拳一腳搞定的，幹嗎用兩拳兩腳呢？」——標指就是這樣有效率的上肢武器，攻擊距離最長，它擅用擊劍的快攻理論，常常令人猝不及防。

第一節　標指的運用

　　標指相對於其他拳法而言，在使用時啟動非常快，像眼鏡蛇一樣直面撲來，令對手眼睜睜視其來而無能為力，無法逃遁。

　　李小龍在他的遺作《截拳道之道》中這樣寫道：「標指係不斷威脅對方的手段，動作宛如劍術家一般的插刺，攻擊時兩手直扣對方雙眼。各種手法之中，標指的攻擊距離

湯米示範的標指

圖426

圖427

圖428

最長，速度最快；發招時幾乎不費力，所以速度如閃電。襲擊雙眼的要訣不在力度大小，而在準確性及速度。所以，一如其他手法，出招之時無須準備，從對敵姿勢適時行動，直擊目標。」

如圖426～圖428般，一方捏著一張紙，另一方快速發招，在擊中的紙微動之前，快速收手。湯米在講習課上反覆強調，自衛術一定要貼近現實生活環境，在攻擊前外表不露痕跡。這樣的反擊才能不洩露先機，不給對手任何的防禦機會。

一、應對背後的襲擊

湯米在講習課上，看到我們有時因為練習簡單乏味而心生懈怠時，就舉例說，很多人以為自衛術就是相互擺好警戒式，開始拳來腳往的擂臺式搏擊。

圖 429　　　　　　　圖 430

不，那不是生活，如圖 429、圖 430 般模擬，你在匆匆趕路，發現不速之客從後面跟進你，此時你要眼睛明亮，學會用餘光觀察異常情形，心裏早早暗暗做好應對，在對方快接近你時，即適宜的距離，你要回手給其一記標指。

二、應對側面的襲擊

如圖 431、圖 432 般，還要模擬與歹徒平行的情形，因為你並不能準確預料生活中被襲擊的方位，所以你要適應各種方位，不厭其煩地訓練。當湯米親口告訴我們，李小龍每一個簡單的技術動作，每天都練到成百上千次時，我們除了驚呼偶像的用功程度之外，難道對我們自己不是一種啟示嗎？——原來這就是偶像出手快捷的原因所在。

圖431　　　　　　　　　　圖432

三、應對生活中的襲擊

　　如圖433～圖435般，與陪練坐在長凳上，假設在等車，找一找不同方位出擊標指的感覺，當然要注意訓練時的安全，最好讓陪練帶上防護眼罩。在生活中，你被騷擾時，可能正忙於日常瑣事，當你回過神來，應繼續反擊前的偽裝——若有所思，也可能是抓

圖433　　　　　　圖434　　　　　　圖435

耳撓腮，或許是虛張聲勢……對，你就是這場「人生大戲」的主角，要很好地展現反擊前的表演天賦。

第二節　蹬踹的運用

蹬踹根據出擊的角度不同可分為正蹬、側踢、後蹬，每種腿法還可細分低、中、高位腿法。

正蹬

距離稍遠時，需後腳墊步；距離近時，直接出腿。

如圖436～圖440，是近距離時中位起腿示範，注意擰腰送胯，大腿推動小腿沿直線蹬擊，力達腳跟，支撐腳同時稍外展。

圖436　　　　　　圖437　　　　　　圖438

圖439   圖440

後 蹬

後蹬一般是背面對敵時，直接起腿蹬擊，並不是為了華麗的表演而刻意轉身使用，因為背對敵人是格鬥大忌，會遭到歹徒一連串的痛毆。

如圖441～圖444，背對敵手，大小腿略疊，膝蓋稍向下，腰臀發力，展胯，大腿推動小腿沿直線蹬出，腳尖斜向下方，用餘光視後方，踢完迅速恢復警

圖441   圖442

圖443   圖444

戒式。

【注意】

動作要有彈性，力盡後大腿帶動小腿收回。

一、標指配合低位蹬踹練習

如圖445～圖448，在生活中，防人之心不可無。遇上歹徒時，你漫不經心地撓撓頭，突然以一記標指上取其眼，下踹其膝脛，然後逃之夭夭。

圖445   圖446

圖447　　　　　　　　　圖448

圖449　　　　　　　　　圖450

二、在移動、行進間反擊練習

如圖449～圖453，不速之客從對面襲來，我方立即上取其眼，下用低蹬腿蹬踹其膝脛。

三、生活中的反擊練習

如圖454～圖456，當對手肆意攻擊時，我立刻

圖 451　　　　圖 452　　　　圖 453

圖 454　　　　圖 455　　　　圖 456

反應，發標指，起身蹬踹，奪路而逃。

第三節　勾踢（彈踢）的運用

這裏強調「彈踢」無非是在街頭自衛時，多用腿部的爆發力進行定點擊打。

一、近距離如何使用橫勾踢

橫勾踢距離近時，不需墊步，直接起腿，擰腰翻胯，大腿帶動小腿（膝蓋稍向下），用腳背外側觸

湯米示範彈踢

圖457　　　　　　　　圖458

圖459　　　　　　　　圖460

靶，藉以縮短進攻距離，如圖457～圖460。

【注意】

動作要自然流暢，切不可刻意而為、過猶不及。

二、中位逆勾踢的使用

如圖461～圖463，後腳墊步，右胯向右送，大腿帶動小腿，腳由左向右踢出，力達腳尖或腳背。

【注意】

出腿時小腿要放鬆，充分傳遞腰胯之力。

圖461　　　　　圖462　　　　　　圖463

第四節　交叉混合練習

　　將上述所學的標指、蹬踹、彈踢綜合運用到自衛
術中去。湯米上課時一再強調，不要處處模仿他的動
作，要勤加思考，怎樣才能更經濟、實用地完成屬於
自己的自衛動作。因此，這需要平時多觀察對街頭巷
尾的打鬥展開針對性的練習。

一、並排行進間的自衛

　　在並排行進間突遇騷擾，我方先伸右腳擋絆對手
重心腳，右手順勢按壓其頸部，對手被迫前跌，我方
以右腳前掃其支撐手，隨即左腳踩踏其身體要害部
位，如圖464～圖468。

圖464

圖465

圖466

圖467

圖468

二、正面行進間的自衛

對面行進間，對方欲圖不軌，不露痕跡地接近我方，我方迅速發一記標指，緊接前勾踢踢襠，然後踹其膝脛，最後迅速離開是非之地，如圖469～圖472。

【注意】

作為發揮使用的還可以如此選擇——標指，前勾踢，再接前手直衝，如圖473～圖475。

李小龍原本截拳道

144

圖469

圖470

圖471

圖472

圖473　　　　　圖474　　　　　圖475

三、利用環境進行自衛

依據當時所處環境、因地制宜地進行自衛，使截拳道者自衛的效率大為提升。

1. 在對方欲圖出擊的瞬間，我方迅速用手推其頭部往牆壁上撞（注意模擬演練安全），左膝頂擊對方的大腿一側，臨走時補上一腳，然後迅速逃跑，如圖476～圖479。

2. 襲擊者與我方迎面而來，我方鎮定下來，假裝漫不經心，然後突然轉向啟動，左手按壓對方的右臂，右拳上擊其頭部，下擊其腰側，最後，抓其頭部，以一記重勾拳結束戰鬥，如圖480～圖483。

圖476

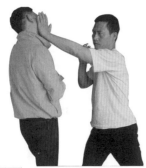

圖477　　　　　圖478

圖479

李小龍原本截拳道

圖480　　　　　　　　圖481

圖482　　　　　　　　圖483

【注意】

　　欲擒故縱，動手一定要迅速、敏捷，讓襲擊者沒有還手之力。

　　3. 我方正在休閑時，突遭歹徒襲擊，我方立刻反應為——右手標指，扭腰轉胯打出右盤肘，離開時，補上一腳，然後逃之夭夭，如圖484～圖488。

圖 484

圖 485

圖 486

圖 487

圖 488

圖489

圖490

圖491

圖492

4. 與襲擊者並排行走，我方不動聲色，突然啟動，左手摟住其脖頸向右側撞擊建築物，並用左腳下踏其膝部關節處，如圖489～圖492。

【注意】

此技反擊動作簡潔實用，為想學自衛術而又沒太

149

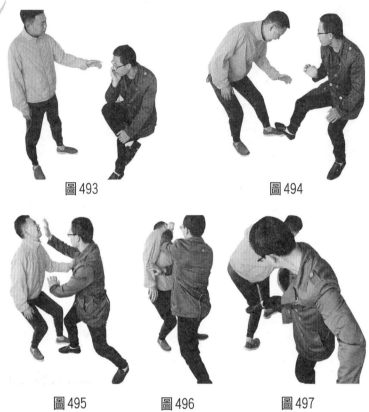

圖493　　　　　　　　　　圖494

圖495　　　　圖496　　　　圖497

多時間練習的現代人提供了簡單易行的參考。

　　5. 圖493～圖497演示的是湯米坐在椅子上的反擊動作，即察覺到歹徒的突襲，抬起翹起的二郎腿踩在對方的前腳上，然後以右手標指封其眼，緊接拍封其右臂，最後踹其膝窩。

　　6. 圖498～圖502演示的是湯米在與對手面對面站立時的反擊動作，即用左手標指擊對方的眼部，右拳擊其腹，左膝頂擊其大腿外側，右腳下踩其小腿。

圖498

圖499

圖500

圖501

圖502

7. 圖503～圖507演示的是湯米處在跪立（繫鞋帶）姿勢時的快速反擊動作，即右拳小指一側砸擊對方的膝窩，在其重心不穩之際，迅速起身，按壓其右臂，右拳擊其腰腹，左膝頂擊其大腿一側，右腳勾掃其右腳內側，使其倒地。

圖503

圖504

圖505

圖506

圖507

第四章
湯米授課實錄

　　湯米在給我們上課時，告訴我們原本截拳道的動作時而要像貓一樣敏捷，時而要像蛇一樣猝不及防，時而要像豹子一樣迅猛，總之要將對手玩弄於股掌之間，平日裏多多練習模擬實戰，練習虛晃、欺騙、試探、攻防、反應等技巧，因為搏鬥即鬥智。

　　這樣訓練的好處在於，你始終能胸有成竹地將混亂不可測的打鬥，定格在可控的範圍內。

　　截拳道不是體育運動，早年湯米的兩個練 MMA 的朋友，在街頭被打敗，對他也是不小的觸動，使他更加堅定對真正實用武技的追尋。只有為街頭量身打造的武技，才更符合於街頭種種複雜條件下的實戰。很顯然，條件有變，結論就有變，街頭更開放的「規則」，會加入更有效率的技巧，例如標指與

湯米

彈踢。只有進行長時間的習慣性整合練習,才能更快人一步。另外,在什麼條件下練習,實戰時就會有什麼樣的慣性表現。街頭比拼,不是比誰更強壯,而是比誰移動的速度更快,誰更先擊中要害。

　　這就是湯米的武技,他深刻地領悟了李小龍的武學精髓,沿著李小龍期望的方式,傳道授業解惑。

一、腿法組合──低中高橫勾踢+前手勾拳

　　雙方對峙,以「敵不動,我不動;敵一動,我先動」之訣,在對方前腳露出攻擊預兆時,我方前腳立即以低位勾踢先行試探,觀察到對方雙手洞開之際,迅速接二連三地展開猛烈勾踢,在對方搖搖欲墜時,補上一記凶狠的前勾拳,如圖508～圖514。

　　【注意】

　　連續橫勾踢,腳掌點地就起,動作要富有彈性。

圖508

圖509　　　　　　圖510

圖511　　　　　　圖512

圖513　　　　　　圖514

二、殺頸手＋擊腹＋擰脖＋重拳

　　在對方前手直拳攻來之際，我方以左手拍開來勢，順勢用手掌外緣砍擊對方的頸動脈，右拳擊其腹，在對方中招之際，雙手抓捧其頭，逆時針向外擰動，最後補上一記重拳，如圖515～圖520。

圖515　　　　　　　　　圖516

圖517　　　　　　　　　圖518

圖519　　　　　　圖520

【注意】

此技過於凶狠，演練時要輕手輕腳，實用時切記，莫防衛過當，以免觸及法律。

三、防禦正面摟抱——從後抓髮破之

圖521～圖523演練的是湯米推薦的被歹徒突然間從正面摟抱時的自衛反擊法，很簡單，此時此刻你要保持冷靜，掙扎出右手，從後抓住對方的頭髮，將對方扯倒，剩下的就容易多了。

四、防禦後手直拳——前勾踢＋後手直衝

在對方貿然打出後手直拳，我方以右手拍擋開，在其襠部正面要害暴露之際，我方以一記前勾踢踢去，對方必然中招疼痛，最後我方落腳補上一記前手直拳，如圖524～圖526。

157

圖521　　　　圖522　　　　圖523

圖524

圖525　　　　　　圖526

五、防禦前手直拳──勾踢＋前手直衝 ＋掃踢

　　雙方對峙，在對方前手直衝拳將要攻來之際，我方以左手側拍來拳，同時右腳以前勾踢踢向對方襠部要害，右腳落地後，緊接以一記前手直衝拳打出，在對方應接不暇之際，右腳勾起掃絆對方的前腳，對方必然轟然倒地（此時前腳也可追上一腳），如圖527～圖530。

圖527　　　　　　　　　　圖528

圖529　　　　　　　　　　圖530

六、貼身近戰——連環拉手＋連環線沖捶

　　雙方短兵相接時，我方以右手順勢向下抓拿對手的右小臂，左拳打出，當對方用左手試圖阻拍時，我方用左手順勢將其抓拿並按住疊壓，此時，在對方的手臂上方形成空檔，於是我方以連環線沖捶接二連三地向對方擊去，如圖531～圖537。

圖531　　　　　　　　　　　　圖532

圖533

圖534

圖535　　　　　　圖536　　　　　　圖537

七、防禦前手直拳——勾踢＋前手直衝 ＋鑽捶

雙方對峙，在對方前手沖捶飛奔來襲之時，我方前腳橫勾踢已然啟動，踢擊其大腿內側，落腳後以一記前手直衝拳還以顏色，作為補充打擊的前手鑽捶隨時出擊，如圖538～圖541。

圖538　　　　　　　　圖539

圖540

圖541

【注意】

前腳橫勾踢在對方打拳時出擊，可以擾亂對方的攻擊節奏，打時間差，簡單又有效。

八、先發制人——指下打上

圖542

在貼身近戰中，湯米傳授給我們簡單而又非常有效的一擊，即虛晃一下對方的腹部，右手回手一記掛捶，不管能否擊中，可遮擋住對方的視線，繼之以前腳勾踢結束戰鬥，如圖542～圖546。

圖543　　　　　　　　　圖544

圖545　　　　　　　　　圖546

九、防禦背後勒脖——肘擊＋後踹

在街頭被歹徒從後勒緊脖子，
最為本能的反應為——左手拍襠，
右肘後擊，在歹徒後退時，再補上
一腳，如圖547～圖551。

【注意】

（1）當被歹徒勒頸時，一定
要將身體重心迅速下降，使對方露

圖547

圖548

圖549

圖550

圖551

出空檔，便於施展肘技。

（2）一定要搶在歹徒把動作做牢之前，迅速破解。

十、對付右腳掃踢──前腳勾踢＋前手直衝＋勾踢＋前手直衝

對方以左勢與我方右勢對峙，在對方右腳橫掃過來之際，我方及時閃避，在其右腿剛落之際，我方啟動前腳後發先至，迎擊其大腿內側要害部位，落腳後以一記前手直衝拳打出，在對方反應不及時，我方以凶猛的後手直拳加上擊拳追擊，如圖552～圖558。

圖552　　　　　　　　　　圖553

圖554　　　　　　　　　　圖555

圖556

圖557

圖558

【注意】

在截拳道中，右勢是強側置前的打法，可以集靈活與速度的優勢，加上善於打擊要害，即使力道不如強側置後的拳腿重，但依然可以有針對性地以「點穴」式擊打，直至擊潰對手。

十一、對付勾踢、右勾拳——前勾踢＋前後手直衝＋後直＋勾拳

對方以右前勾踢襲擊我方，我方拍開其腿後，以前勾踢還擊，如圖559～圖561；上動不停，我方以前後直衝拳擊出，如圖562、圖563；混戰中，在對方冷不丁地出右勾拳擺來之際，我方立即蹲身向左搖閃，起身以後手直拳接前勾拳攻擊對方，如圖564～圖566。

圖 559　　　　　　　　圖 560

圖 561　　　　　　　　圖 562

圖 563　　　　　　　　圖 564

圖565

圖566

【注意】

攻中寓防，攻防自由轉換，在打鬥的白熱化中也要貫穿，這需要有良好的基本功作保障。

十二、主動進攻——前勾（彈）踢＋前手沖捶＋前腳勾踢

雙方緊張對峙，我方試探進攻，前腳提起刺踢對方的脛骨，可實可虛（視對方反應而定），若對方退卻，可以提腿不落，多次試探進攻，如圖567～圖569；在對方苦於應付下盤騷擾時，我方前手趁機刺擊對方的頭部，在對方中招後，再補上一記前腳勾踢，如圖570、圖571。

圖567

圖568

圖569

圖570　　　　　　　　　圖571

【注意】

此式是李小龍原本截拳道中典型的擊劍式打法，前手前腳先發制人，側身突擊，快人一步。

十三、避實就虛——前後直拳擊肋＋前腳勾踢＋前手上勾拳

在對方舉手準備進攻之際，我方迅速向左右閃身

169

圖572　　　　　　　　圖573

圖574　　　　　　　　圖575

截擊，以兩記中位直拳打擊其腰肋兩側，如圖572～圖574；前腿適時的追踢可以很好地打亂對方最後的防線，為決定性的一擊做好鋪墊，如圖575、圖576。

圖576

第五章
非傳統功夫——振藩功夫

　　傑西·格洛弗是李小龍西雅圖時期的第一個弟子，也是其最優秀的學生之一，他親眼見證著「一代猛龍」最初闖蕩異國的傳奇經歷。傑西深深地受惠於李小龍的功夫哲學，他從 1962 年開始收徒，用李小龍的教學方法教他的學生。

　　如今他把他教授的功夫叫「非傳統功夫」。他打了一個比方，他說習武之術就像開汽車一樣，為了從 A 到 B，你需要的僅僅是一輛跑得快的大車，其他的功能都可以不加考慮。

　　傑西·格洛弗不僅僅是湯米的授業恩師，還是湯米事業熱心的引路人。他把湯米推薦給自己所在的奧克蘭地區的一位李小龍最優秀及最受人尊敬的學生——霍華德·威廉士，以及李小龍入室弟子黃錦銘。足可見，傑西·格洛弗在湯米心中的分量是何其重要，以至於傑西·格洛弗在彌留之際，讓湯米推掉所有的講學，伴隨著功夫老人走過最後的時光。

湯米在講習班上點播道：其實非傳統功夫就是振藩功夫，有些人天生素質不太好，更適宜練習振藩功夫，在他看來，原本截拳道易學難精，要花很多時間來練習。

以下內容是湯米授自傑西・格洛弗所教內容，藉以感懷這彌足珍貴的授藝之恩，讓我們對原本截拳道衣鉢傳人付出的辛勞表示出最真誠的敬意！

一、出 拳

兩腳自然站立，兩手自然下垂（從生活狀態下開始），右腳上步的同時，左腳向後蹬地，右腰胯微微向左抖動，右肩前送，大臂推動小臂沿直線向前擊出有力的一拳，力盡後，慣性收於腹前，如圖577～圖580。

圖577

圖578

李小龍原本截拳道

圖579　　　　　　　　圖580

【注意】

（1）讓訓練夥伴舉靶，練習者上步以肩同寬為宜，藉助上步慣性衝力，體會重拳擊靶的穿透力。

（2）右腳上步落腳與出拳的節拍是，出拳，前腳上步（落腳），後腳跟進。

二、上步重捶

從左腳自然在前的狀態中突然啟動，即左腳蹬地，右腳上步，同時右胯向左水平擰動，送右肩，大臂推動小臂打出右拳，力達拳鋒，左拳置於下頜左側，然後將右拳收於胸腹前，如圖581～圖584。

【注意】

（1）此拳發拳路線較長，兼具上步衝力，故而

圖581

圖582

圖583

圖584

出拳較重。這是李小龍早期的代表技之一，在出手前
蓄勢待發，步到拳到。

（2）右腳上步落腳與出拳的節拍是，出拳，前
腳上步（落腳），後腳跟進。

三、連續進步重捶

　　從自然站立狀態開始，左腳上前一小步，右腳掌蹬地，扭腰轉胯打出右拳，左拳置於下頜左側，如圖585、圖586；上動不停，右腳越過左腳沿直線上一小步，左腳掌蹬地，扭腰轉胯，打出左拳，右拳收於下頜右側，如圖587；如此這般，左右交替連續上步出拳，如圖588。

　　【注意】

　　（1）左右上步出拳要協調連貫，步法不宜太大，這樣出拳頻率才能加快。

　　（2）進步重拳要有效地利用後足蹬地來積聚力量。

圖585

圖586　　　　　圖587　　　　　圖588

四、連續退步重捶

　　動作要領如上式，唯退步而已。從自然站立姿勢開始，右腳後退一小步，落腳蹬地，扭腰轉右胯，右拳沿直線打出，左拳置於下頜左側，如圖589、圖590；上動不停，左腳越過右腳沿直線後退一小步，落腳蹬地，左拳沿直線打出，右拳收於下頜右側，如圖591；如此左右交替退步出拳，如圖592。

【注意】

　　（1）退步協調要連貫，要充分利用腰胯之力。

　　（2）此退步重拳是在對方猛衝之際展開的迅速搶占中線的猛烈反擊。

圖589

圖590　　　　　圖591　　　　　圖592

五、連環線沖捶

1. 雙拳置於胸前，右拳沿人體中線直線打出，力盡後收於左拳之下，如圖593～圖595；同時，左拳沿人體中線打出，力盡後，收於右拳之下，如圖596、圖597；如此這般循環出拳，如圖598。

【注意】

（1）充分利用肘底勁作為推動力，將手臂打直，沉肩時肩膀不可動搖或前伸。

（2）雙拳始終保持在中線上，一拳從另一拳腕上發連環沖捶，動作要輕快、流暢。

2. 上步連環線沖捶。因連環線沖捶純屬肘底發力，不需擰腰轉胯之力，故而步法不必配合出拳，步

圖593

圖594

圖595

圖596　　　　　　　圖597　　　　　　　圖598

法自走（步法不宜大），拳法自出，如圖599～圖
602。

圖599　　　　　　　　　　圖600

圖601　　　　　　　　　　圖602

　　3. 退步連環線沖捶。動作如上步，唯方向相反，圖略。

　　4. 左移連環線沖捶。如圖603～圖606，動作純熟時，步法如飛。

圖603　　　　　　　　　　圖604

圖605 圖606

5. 右移連環線沖捶。動作如左移，唯方向相反，
圖略。

第六章
黃錦銘後院授徒集錦

湯米大多數的時候傳授的截拳道更傾向於自衛術，立足街頭，一貫地簡潔、精減，這可能與他在英國教拳的環境有關，但還是有像筆者這樣意猶未盡，喜歡沉迷於李小龍當年是怎樣訓練的心結。

筆者相信有這種想法的朋友們，亦不在少數。

以下就是筆者近年來「近水樓臺先得月」，依托聯盟內部的「地利」「人和」，多方求教、考證、彙集、整理出來，並且確定它準確無誤之後，才敢公布於世──還原出黃錦銘師傅當年最本真的截拳道。

一、側踢練習

陪練以右手靶模擬右手直拳進攻，練習者迅速以右腳截踢，如圖607、圖608；陪練以左手靶亮出，練習者以右直拳（掛捶）擊出，右腳側踢本能出擊，如圖609、圖610。

圖607　　　　　　　　　　　　圖608

圖609　　　　　　　　　　　　圖610

【注意】

（1）陪練支靶要迅速連貫，一定意義上說，陪練的速度能帶動練習者的速度。

（2）第一個側踢（截踢）點到即止，主要是練習習慣性反應。

二、轉身側踢

陪練以右手靶模擬直拳進攻，練習者用左手拍開，左腳同時起腿掃踢對方的右大腿膝窩，如圖

圖611

圖612

圖613

圖614

611～圖613；上動不停，左腳內扣落地，提右膝、旋身、回頭，右腿沿直線以側踢擊靶，如圖614、圖615。

圖615

【注意】

（1）轉身側踢與單個動作一致，初練要放慢速度，動作要協調放鬆。

（2）在原本截拳道中，很少見左後掃踢（動作

要領與右橫勾踢相仿，唯踢擊路線更長，暴露空檔較大，例如下襠），只有確保消打同時才能安全使用；轉身側踢也不能貿然使用，背對敵手是大忌，只有對手遭到痛擊，反應不及時，方可用。

三、直拳的追擊

練習者用前後直拳擊靶，陪練以右手靶冷不丁地回手一擊，練習者後閃的同時，不忘在陪練收手時，追擊陪練的左手靶，如圖616～圖619。

圖616　　　　　　　　圖617

圖618　　　　　　　　圖619

【注意】

追擊要迅猛，機不可失。

四、前手直拳改變節奏突襲

陪練左手持靶，慢慢向練習者靠壓，練習者故意適應這種慢節拍，後移兩步，後腳推動前手突刺，如圖620～圖623；若陪練持靶快衝過來，距離過近，練習者還可以用鐘擺步，後撤同時擊靶，如圖624。

【注意】

（1）這是典型的利用節奏變化，先讓對手適應

圖620　　　　　　　　圖621

圖622　　　　圖623　　　　圖624

慢節奏，突然加快速度，打對手個措手不及。

（2）突刺時，手肘要有意識地先動，像擊劍運動員出劍那樣。

五、虛實間的快拳練習

1.對付左手在前的對手，練習者以右拳虛打陪練的左下肋，陪練用左手靶拍壓，練習者右手拳巧妙地避開左手靶，快速擊打陪練的右手靶，如圖625～圖628。

圖625

圖626

圖627

圖628

2. 對付右手在前的對手，練習者以右拳虛打陪練的右下肋，陪練用右手靶拍壓，練習者以左手拍壓其右臂，右手拳巧妙環繞，回手一記掛捶，打在陪練的左手靶上，如圖629～圖632；後可接組合拳——後直拳、右前平勾拳、後直拳，如圖633～圖635。

圖629　　　　　　　　圖630

圖631　　　　　　　　圖632

圖633　　　　　　圖634　　　　　　圖635

六、上擊拳組合攻擊

1. 陪練將右手靶置與下頜同高，練習者以左上擊拳擊打，如圖636，陪練以左手靶模擬左拳出擊，練習者右閃來拳，以右上擊拳繼續擊打（陪練的右手靶），最後再接一記凶狠的左手後直拳擊其腹，如圖637～圖639。

2. 陪練用右手靶模擬右手直拳進攻，練習者左腳向左前方上步，避開其右手拳的同時打左上擊拳，擊

圖636　　　　　　　　圖637

圖638　　　　　　　　圖639

圖640　　　　　　　　圖641

打陪練的左手靶，如圖640、
圖641；然後陪練將雙靶疊於
腹前，練習者以右膝斜向上頂
擊靶面，如圖642。

圖642

3. 練習者以左直拳擊打陪練的左手靶，上動不停，發右上擊拳擊打陪練的左手靶，如圖643、圖644；緊接以左膝上頂雙靶，最後追擊一腿，如圖645、圖646。

圖643　　　　　　　　　圖644

圖645　　　　　　　　　圖646

七、搖閃擊打

1.對付右弧線拳法

雙方在移動中，隨機進攻，陪練拍擊練習者的左肘，又忽然模擬右弧線拳攻來，練習者身體下蹲向左搖閃，如圖647～圖649；起身後接組合拳腿，如圖650～圖652。

圖647　　　　　　　　　　圖648

圖649　　　　　　　　　　圖650

圖651　　　　　　　　　　　圖652

2. 對付左弧線拳法

接上動，練習者專注於組合拳的攻擊中，陪練以左手冷不丁地向練習者的頭部（向左前）平畫而來，練習者身體下蹲向右搖閃，起身發右上擊拳，如圖653、圖654。

圖653　　　　　　　　　　　圖654

八、埋身擊打

陪練以右手靶模擬直拳攻來，練習者向右側閃，以右、左上擊拳連續擊打數次後，出前手直拳迎擊後，並以鐘擺步後撤，最後再補擊一記橫勾踢，如圖655～圖660。

圖655　　　　　　　　　圖656

圖657　　　　　　　　　圖658

圖659　　　　　　　圖660

九、對付下潛抱摔的練習

陪練雙手將靶疊於胸前，模擬向練習者下盤衝擊，練習者先以右手上擊拳迎擊，再側踢一腳，如圖661～圖664。

【注意】

可模擬街頭連續衝擊，連續擊打。

圖661　　　　　　　圖662

圖663   圖664

十、前勾踢與橫勾踢的變換練習

如圖665那樣，陪練將右手靶側立在上，左手靶在下，練習者從移動開始，伺機用前勾踢踢擊陪練的左手靶；上動不停，右腳力盡後，尚不落地，繼續橫踢陪練的右手靶，如圖666～圖668。

【注意】

此踢法適用於防守性對手，試探踢擊對手的小

圖665   圖666

圖667 圖668

臂，擾亂對手，然後趁機以橫勾踢踢擊其面部，如李小龍在《猛龍過江》裏與空手道高手的對決一般。

十一、右閃的攻擊練習

1. 陪練持雙手靶，突然以右手靶進攻，練習者馬上起動，向右側邁環繞步，同時以右平勾拳擊打陪練的右手靶，如圖669～圖671。

2. 作為技法全面的截拳道好手，您還可以這樣進攻，向右側邁環繞步，同時以右上擊拳擊打對手的左下肋（陪練的右手靶），如圖672、圖673。

圖669

圖670

圖671

圖672

圖673

十二、對付雙手正面掐脖的反擊練習

陪練雙手掐練習者的脖子，練習者的反應為——右拳擊肋，左腳別住陪練的左小腿，擰腰帶動腿部發力，左手抓其左大臂，將陪練摔倒，如圖674～圖676。

圖674　　　　　　圖675　　　　　　圖676

十三、擒摔技──針對對手雙手鎖我右腕的別肘反擒法

陪練雙手拿住練習者的右腕，欲施擒拿技，練習者迅速後拉右手，左手向上抄起，如圖677、圖678；上動不停，左手直臂向左上、左下方帶拉陪練的雙臂，左腳向左後方撤步，以右手肘為支點別住對

圖677　　　　　　　　　圖678

圖679

圖680

圖681

方雙臂，至陪練不能動為止，如圖679～圖681。

十四、逆勾踢與橫勾踢的變換使用

陪練與練習者遠距離對峙，陪練以側踢進攻，練習者以鐘擺步括手閃避，如圖682、圖683；練習者還擊於逆勾踢，陪練下潛躲避，練習者右腳不落，回勾踢擊陪練的面部，如圖684～圖686。

圖 682　　　　　　　　　　圖 683

圖 684　　　　　　　　　　圖 685

圖 686

十五、對付「頂牛」的對手

　　陪練像發瘋的野牛一樣衝過來，練習者雙腳迅速後撤，降低身體重心，雙手壓制住對手，如圖687、圖688；騰出左手下擊陪練的襠部，抬起右肘砸擊其背部，將陪練向後翻倒在練習者右膝之上，雙肘繼續砸擊，如圖689～圖692。

圖687　　　　　　　　　圖688

圖689　　　　　　　　　圖690

圖691　　　　　　　　　圖692

十六、對付鎖肘的反擊練習

陪練右手擒拿住練習者的右腕，左手按壓練習者的右肘，練習者立即反制為左手撐地，用剪刀腿順時針發力向後（左腳勾住對手左腳跟，右腳跟抵住對手左大腿跟部）扳倒對手，左腳跟順勢砸擊之，如圖693～圖696。

【注意】

反制動作要及時，出雙腿夾陪練的前腿要敏捷，整個動作要一氣呵成。

圖693　　　　　　　　圖694

圖695　　　　　　　　圖696

附錄一
原本截拳道一系
湯米・克魯瑟斯師傅簡介

　　湯米・克魯瑟斯對簡潔和實戰的推崇源於他在格拉斯哥東區名聲欠佳的街頭長大的經歷，那裏失業率奇高，暴力犯罪居高不下。湯米早期獨自訓練，透過閱讀資料把自己完全沉浸在與截拳道有關的各種事物中，並不斷地把自我推向極限。他曾在歐洲參加了各種截拳道研討會，但均不以為然。「我感覺，他們所教授的東西在街頭格鬥中不會派上多大用場，而那裏才是真正能夠驗證所學技術有用與否的地方。」最後，美國功夫雜誌上一篇蓋瑞・迪爾寫的文章打動了他。他認同文中的每句話，因此他按照上面的話刻苦鑽研，並給蓋瑞・迪爾打電話。蓋瑞・迪爾是已故嚴鏡海（李小龍在奧克蘭時期的助教弟子）的學生。他與蓋瑞・迪爾聯繫的結果是他被迪爾邀請到美國，作為截拳道教練進行大量的授課及訓練。

　　隨後，他引起了傑西・格洛弗的注意。格洛弗是李小龍所收的第一位學生兼助教，他把湯米推薦給自

己所在的奧克蘭地區的一位李小龍最優秀及最受人尊敬的學生——霍華德・威廉士，以及李小龍入室弟子黃錦銘。湯米所獲得的教練等級證書也是由黃錦銘頒發的，並且最後也是黃錦銘在超過200個人的截拳道核心會議上把湯米正式介紹給大家。

　　數年來，湯米・克魯瑟斯贏得了實戰格鬥家的美譽，僅僅是他嚴酷的訓練就足以令大多數運動員（來自競技體育項目的練習者）自嘆弗如。2002年，湯米被中國拳擊協會瑞士分會邀請到日內瓦，在瑞士博覽會上公開展示了精湛的技藝。他近期還在多個李小龍自傳紀錄片裏繼續截拳道技戰術的講解與示範，包括那部著名的《跟隨龍的腳步》（傑西・格洛弗擔任該片的旁白）以及美國歷史頻道製作的《李小龍如何改變了世界》（《HOW BRUCE LEE CHANGED THE WORLD》）。一直以來，湯米・克魯瑟斯的教學原則始終是「盡最大努力以李小龍所期望的方式教授截拳道」；「只有在確信所教授的技術可在現實生活的自衛活動中得到有效應用的情況下，才會把這些技術教給學生。」也正因為如此，他的訓練與教學均取得了很好的效果，並得到了李小龍家族以及李小龍親傳弟子們的肯定。2009年，湯米・克魯瑟斯成為美國李小龍教育基金會振藩截拳道顧問委員會成員，負責李小龍截拳道原傳教學體系的整理與推廣工作。

附錄二
湯米・克魯瑟斯師傅的
教學理念

　　湯米・克魯瑟斯國際武術訓練機構推崇的是簡潔、直接和實戰。其教學理念為：

　　「我們的目標是用最本色的方式教授截拳道，回歸到它的本來的目的——用於自衛。我們只對有實戰意義的自衛技術感興趣，這些技術可以在現實生活中派上用場。我們知道李小龍的功夫應該是無形的，但我們認為學生們需要一個出發點，而我們認為沒有比李小龍在對詠春、拳擊及擊劍改良的基礎上所發展出的技術更好的出發點了。隨後，我將鼓勵我的學生們去粗取精，剔除華而不實的多餘動作。我們將避免使用複雜的技術，因為這些技術將成為累贅，甚至放慢你的速度。當可以由一個動作解決問題的時候，沒有必要做出兩個動作。我們認為李小龍的搏擊理念時至今日仍然和他在世時一樣有效。例如，兩點之間最短的距離仍然是直線。在我們這裏，我們將承諾幫助你進行每日精簡。」

後 記

「人的一生，其實只能幹好一件事。」——我記不清這是哪位商業精英說過的名言，這句話很好地揭示了人的主觀能動性的集聚效應。矢志不移、積極進取、辦法總比困難多⋯⋯這些閃爍著正能量的詞語，總能在我們的人生路上熠熠生輝、照亮前方。這與李小龍的奮鬥精神同出一轍。學習李小龍，我們總不能永遠做生活的旁觀者，李小龍還是那個電影中永遠不知疲倦的李小龍，而我們還是那些茫茫人海中流於膚淺武技的我們？

不，那不是我們效仿偶像的初衷，我們的心中亦是有英雄指引的，或許你我皆是草根一族，亦或許是心靈荒蕪的人，這不重要，只要我們有共同的愛好，就有進步的源泉與動力。馬斯洛的層次理論證明，不管做任何事情，不管從哪裏開始，最後總要歸結於精神層次的滿足。作為截拳道的踐行者，我們傳遞著李小龍的出世精神，活在競爭艱難的當下，做入世之事情，以期求得心靈的圓滿與靜謐。

　　這本《李小龍原本截拳道》的書稿終於接近尾聲
了，這期間，我的心情也似這般水煮沉浮、激流湧
蕩。不惑之年，對人對事，亦當自有新的領悟、新的
提升。物慾的追求會頃刻滿足，而對於武學的探尋，
卻能讓人篤志前行、孜孜不倦。

　　截拳道乃宇宙與自我的融合，強壯與張揚的圖
騰，成功與心態的密碼——道生萬物，潤澤蒼生。緊
握人生大道，去幹冥冥中想幹的事——最大程度上還
原李小龍後院習武圖，這是我少年時代的夢想，潛意
識中我還是在有意無意中去做的。

　　在彙集整理資料中，我發覺那普遍的現象，聲稱
嫡至黃錦銘的弟子們，都或多或少加入了自己對原傳
截拳道的注解與體悟，這需要我們用犀利的眼光去甄
別、校對，擇取多名弟子授藝的交集之處，方敢呈獻
入冊，經得起時間的考驗。

　　感謝博奧武道孫總對本書的指導與後期拍攝的全
力支持，近700張圖片的緊張拍攝，也可以把人折騰
得心力俱疲。還有我可愛的小女兒徐睿，永遠對新奇
的事物充滿著期待，她期待著她的爸爸能早日修復人
們心幕中那李小龍英武的光輝照片……

徐　超

李小龍原本截拳道

編　　著｜徐超
責任編輯｜徐俊杰

發 行 人｜蔡森明
出 版 者｜大展出版社有限公司
社　　址｜台北市北投區（石牌）致遠一路 2 段 12 巷 1 號
電　　話｜(02)28236031・28236033・28233123
傳　　真｜(02)28272069
郵政劃撥｜01669551
網　　址｜www.dah-jaan.com.tw
電子郵件｜service@dah-jaan.com.tw
登 記 證｜局版臺業字第 2171 號

承 印 者｜傳興印刷有限公司
裝　　訂｜佳昇興業有限公司
排 版 者｜弘益電腦排版有限公司
授 權 者｜山西科學技術出版社

初版 1 刷｜2020 年 7 月
初版 2 刷｜2025 年 1 月

定　　價｜280 元

李小龍原本截拳道／徐　超編著
—初版—臺北市，大展出版社有限公司，2020.07
面：21 公分—（武術武道技術：12）
ISBN 978 - 986 - 346 - 303 - 0（平裝）
1.CST：拳術　2.CST：中國
528.972　　　　　　　　　　　　　　　109006242